全国高考语文现代文阅读

"热点作家"
经典作品精选集

试卷上的作家

目标始终如一

韩小蕙／著

张国龙／主编

延伸阅读　备战高考
适合考生做语文阅读的散文集
走进语文之美，领略阅读精髓

高中版

丰富的阅读素材
从童年往事到世间百态
从青葱校园到异域风光
开拓视野，看见世界，提升写作能力和人文素养

四川文艺出版社

图书在版编目（ＣＩＰ）数据

目标始终如一 / 韩小蕙著. -- 成都 : 四川文艺出
版社, 2023.7
（试卷上的作家）
ISBN 978-7-5411-6722-5

Ⅰ. ①目… Ⅱ. ①韩… Ⅲ. ①阅读课—中学—教学参
考资料 Ⅳ. ①G634.333

中国国家版本馆CIP数据核字（2023）第124037号

MUBIAO SHIZHONG RUYI

目标始终如一

韩小蕙　著

出 品 人　谭清洁
责任编辑　李国亮　孙晓萍
封面设计　宋双成
内文设计　宋双成
责任校对　文　雯

出版发行　四川文艺出版社（成都市锦江区三色路238号）
网　　址　www.scwys.com
电　　话　028-86361802（发行部）　028-86361781（编辑部）

排　　版　北京书香文雅图书文化有限公司
印　　刷　三河市兴国印务有限公司
成品尺寸　165mm×235mm　　　开　本　16开
印　　张　14　　　　　　　　　字　数　170千
版　　次　2023年7月第一版　　　印　次　2023年7月第一次印刷
书　　号　ISBN 978-7-5411-6722-5
定　　价　39.80元

总 序

情感和思想的写真

张国龙

和小说、诗歌等相比，散文与大众更为亲近。大多数人一生中或多或少会运用到散文，诸如，写作文、写信、写留言条等。和小说相比，散文大多篇幅不长，不需占用太多的读写时间；和诗歌相比，散文更为通俗易懂。一句话，散文具有草根性和平民性气质。

在中小学语文课本中，散文篇目体量最大。换句话说，散文是中小学语文教学不可或缺的资源。中学生所学的语文课文大多是散文；小学生初学写作文，散文便是最早的试验田。从某种意义上说，中小学作文教学就是散文教学，主要涉及记叙性散文、抒情性散文和议论性散文。在中考、高考等各类考试中，作文的写作离不开这三类散文，甚至明确规定不可以写成诗歌。可见，散文这一文体在阅读和写作中占据了举足轻重的地位。

然而，散文作为一种"回忆性"文体，作者需要丰富的生活经历和厚重的人生体验。散文佳作，自然离不开情感的真挚性和思想的震撼性。因此，书写少年儿童生活和展现少年儿童心灵世界的散文，无外乎两类：一是成年作家回望童年和少年时光；二是少年儿童书写成长中的自己。这两类散文可统称为"少年儿童本位散文"。显而易见，前者数量更大，作品质量更高。事实上，还有相当一部

1

分散文作品，虽然并非以少年儿童为本位，却能被少年儿童理解、接受，能够滋养少年儿童的心灵。

这套丛书遴选了众多散文名家，每人一部作品集。这些作家作品可以分作两类。一类是主要从事儿童文学创作的作家，基于少年儿童本位创作的散文，比如吴然的《白水台看云》、安武林的《安徒生的孤独》、林彦的《星星还在北方》、张国龙的《一里路需要走多久》。另一类是主要创作大众文学的作家，虽不是专为少年儿童创作，却能被少年儿童接受的散文，比如，刘心武的《起点之美》、韩小蕙的《目标始终如一》、刘庆邦的《端灯》、曹旭的《有温度的生活》、王兆胜的《阳光心房》、杨海蒂的《杂花生树》、乔叶的《鲜花课》、林夕的《从身边最近的地方寻找快乐》、辛茜的《鸟儿细语》、张丽钧的《心壤之上，万亩花开》、安宁的《一只蚂蚁爬过春天》、朱鸿的《高考作文的命题与散文写作》、梅洁的《楼兰的忧郁》、裘山山的《相亲相爱的水》、叶倾城的《用三十年等我自己长大》、简默的《指尖花田》、尹传红的《由雪引发的科学实验》。一方面，这些作家的作品皆适合少年儿童阅读；另一方面，这些作家的某些篇章曾出现在中小学生的语文试卷上。因此，可以称他们为"试卷上的作家"。

通观上述作家的散文集，无论是否以少年儿童为本位，都着力观照内心世界，抒发主体情思，崇尚真实、自由、率性的表达。

这些散文集涉及的题材多种多样，大致可分为如下三类：

其一，日常生活类。"叙事型"和"写景状物型"散文即是。铺写"我"的童年、少年生活中真实的人、事、情、景。以记叙为主，抒情与议论点染其间。比如，刘庆邦的《十五岁的少年向往百草园》

以温润的笔触，描摹了"我"在十五岁那年拜谒鲁迅故居的点点滴滴，展现了一个乡村少年对大文豪鲁迅先生的渴慕与敬仰。安武林的《黑豆里的母亲》用简约的文字，勾勒出母亲一生的困苦、卑微和坚忍，字里行间点染着悲悯与痛惜。

其二，情感类。通常所说的"抒情型"散文属此范畴，即由现实生活中的人、事、情、景引发的喜、怒、哀、乐等。以渲染"我"的主体情思为重心，人、事、情、景等是点燃内心真情实感的导火索。比如，梅洁的《童年旧事》饱蘸深情，铺叙了童年的"我"和同班同学阿三彼此的关心。一别数十载，重逢时已物人两非。曾经有着明亮单眼皮眼睛的阿三，已被岁月淘洗成"一个沉静而冷凝的男子汉"。"我"不由得轻喟"成年的阿三不属于我的感情"。辛茜的《花生米》娓娓叙说了父亲为了让"我"能吃到珍贵的花生米，带"我"去朋友家做客，并让"我"独自留宿。一夜小别，父女似久别重逢。得知那家的阿姨并没有给"我"炸花生米吃，父亲欲说还休。多年之后的"我"，回忆起这件事仍旧如鲠在喉。

其三，性情类。"独白型"散文即是。心灵世界辽阔无边，充满了芜杂的景观。事实上，我们往往只能抵达心灵九重天的一隅。在心灵的迷宫中，有多少隐秘、幽微的意识浪花被我们忽略？外部世界再大也总会有边际，心灵世界之大却无法准确找到疆界，如同深邃莫测的时光隧道。每天一睁眼，意识就开始流动、发散，我们是否能够把内心的律动细致入微地记录下来？这必定是高难度写作。如果我们追问个体生命的具体存在状态，每一天的意识流动无疑就是我们存在的最好确证。比如，曹旭的《梦雨》惜字如金，将人的形象和物的意象有机相融，把女性和江南相连缀，物我同一。

尤其是把雨比喻成女孩，"第一次见面，你甚至不必下，我的池塘里已布满你透明的韵律"，空灵、曼妙，蕴藉了唐诗宋词的意味。乔叶的《我是一片瓦》由乡村习见的"瓦"浮想联翩，岁月倥偬，"瓦"已凝结成意象，沉入"我"的血脉，伴随我到天南海北。"瓦"是"我"写作的情结，更是另一个"我"。杨海蒂的《我去地坛，只为能与他相遇》，"我"因为喜欢史铁生的《我与地坛》而一次次去地坛，真真切切地感受史铁生的轮椅和笔触曾触摸过的一草一木。字里行间，漫溢出一个人对另一个人的体恤与爱怜、一位作家对另一位作家的仰望与珍视。或者说，一个作家文字里流淌的真性情，激活了另一个作家的率性和坦荡。

不管是铺写日常生活、表达真挚情感，还是展现率真性情，上述作品大体具有如下审美特征：

其一，真实性。从艺术表现的特质看，散文是最具"个人性"的文体，一切从自我出发。或者说，散文就是写作者的"自叙传"和"内心独白"。这就决定了散文的内容，其人、事、情、景等皆具有真实性，甚至可以一一还原。当然，真实性在散文中呈现的状态是开放、多元的，与虚假、虚构相对抗，尤其体现在表象的真实和心理的真实。不管是客观、物化的真实，还是主观、抽象的心理真实，只要是因"我"的情感涌动而吟唱出的"心底的歌"，就无碍于散文的"真"。散文的真实，大多体现为客观的真实，即"我"亲历（耳闻目睹），"我"所叙述的"场景"实实在在发生过，甚至可以找到见证人。对事件的讲述甚至具有纪实性，与事件相关的人甚至可以与"我"生活中的某人对号入座。叙写的逻辑顺序为："我"看见＋"我"听见＋"我"想到，即"我"的所见、所闻和所感，且多采取"叙述＋抒情＋议论"的表现方式。比如，林彦的《夜别枫桥》，少年的"我"先是遭遇父母离异，而后因病休学，独自客居苏州。那座始终沉默无语的枫桥，见证了"我"在苏州的数百个日日夜夜。那些萍水相逢的过客，给予了"我"终生铭记的真情。

其二，美文性。少年儿童散文通常用美的文字，再现美的生活，营造美的意境，表现美好的人情、人性和人格，是真正的"美文"。比如，吴然的《樱花信》，语言叮当如环佩，景物描写美轮美奂，读来令人神清气爽，齿唇留香。"阳光是那样柔和亮丽，薄薄的，嫩嫩的，从花枝花簇间摇落下来，一晃一晃地偷看我给你写信……饱满的花瓣，那么嫩那么丰润，似乎那绯红的汁液就要滴下来了，滴在我的信笺上了。你尽可以想象此刻圆通山的美丽。空气是清澈的，在一缕淡淡的通明的浅红中，弥漫着花的芬芳……昆明人都来看樱花，都来拜访樱花了！谁要是错过了这个芬芳绚丽的节日，谁都会遗憾，都会觉得生活中缺少了一种情调、一种明亮与温馨……"安宁的《流浪的野草》，文字素面朝天、洗尽铅华，彰显了空灵、曼妙、清丽的情思。"燕麦在高高的坡上，像一株柔弱的树苗，站在风里，注视着我们的村庄。有时，她也会背转过身去，朝着远方眺望。我猜那里是她即将前往的地方。远方有什么呢，除了大片大片的田地，或者蜿蜒曲折的河流，我完全想象不出。"

其三，趣味性。少年儿童生活色彩斑斓，充满了童真、童趣。少年儿童散文不论是写人、记事，还是抒情、言志，皆注重生动活泼、趣味盎然。与此同时，人生中的诸多真谛自然而然地流淌于字里行间，从而使文章具有超越生活的理趣，既提升了文章的境界，又能陶冶阅读者的性情。比如，王兆胜的《名人的胡须》，用瀑布、白云、大扫帚、括弧、燕子等各种事物类比各个名人各具特色的胡须。稀松平常的胡须看似可有可无，却有着不同寻常的意义。古今中外名人与胡须的逸事，读来令人莞尔，幽默、风趣的笔调里蕴含着举重若轻的哲理。张丽钧的《兰花开了18朵》，"我"时常和蝴蝶兰说话，如母亲的斥责，似闺密的呢喃，像恋人的娇嗔，满满的人间情怀里渗透着天然的机趣。"我家这株蝴蝶兰，真真是个慢性子——一簇花，耗费了整整66天的时间，才算是开妥了。从2月24日到5月1日，总共开了18朵花，平均3.67天开一朵。我跟她说：'亲呀亲，你可是我拉扯大的呀，咋这脾性半点儿都不随我呢？这么慢条斯理地开，你是打算把全部春光都占尽了吗？'"

　　散文创作通常与作者的亲身经历密切相关，尤其注重展现真性情，因此散文抒写的往往是个人的心灵史和情感史。这些散文作品不单是中学生写作的范本，还是教导中学生为人处世的良师益友！

2022 年 10 月 18 日
于北京师范大学

序 言

目标始终如一

韩小蕙

家门口新建了一座游泳馆，我遂与游泳结了缘。

基本上都是晚上下班以后去。每次从入水的那一刻算起，限游一个小时。

最初，游上 50 米，就喘得像一只得了气管炎的海豹，必须上岸来歇个 10 多分钟；腿也疼胳膊也疼，心里充满畏难情绪。后来，200 米，400 米，600 米……越游越长，歇的次数越来越少。终于有一天，一次也没休息，连续不停地游了 1100 米。

从此，一跳下去就不再停顿，1300 米，1500 米，1600 米……这几日正在顽强地向新纪录冲刺。

腿也不疼了，胳膊也不疼了，心里越来越放松，日复一日地自我感觉良好。有几次，当我劈波斩浪之时，甚至产生了一种抑制不住的幸福感，喜悦于自己找到了这么好的感觉——这是身心俱自由、完全放松的感觉，它是属于欢乐青春的。人到中年以后，沉甸甸的人生苦酒喝多了，很久很久，已经和这年轻的激情久违了！

我暗暗下决心：要珍惜这激情，绝不能再把它丢掉，而要像坚持游下去、再创新纪录一样，小心翼翼地保持到终老。

可是，干扰来了——

有两三个同年龄的女人站在池边，睥睨着我，甩过来冷冷的几句："哼，游得那么慢，姿势也不正确嘛！"我没理会她们，继续游我的，我知道她们是嫉妒，刚才我从她们身边超过去了，她们不高兴。

有一个中年男人一次又一次超过我，一副扬扬得意的样子。我装作浑然不知，心里暗暗冷笑：你游你的，我游我的，我知道我不如你，但我有自己的目标和节奏，我的目标是鞭策自己，不断前进和超越自己。

有一群小姑娘刚刚游了二三十米，就乱纷纷夸张地叫起来："累死了！游不动了！不行了！"我笑了，她们缺的不是体力，而是毅力，是坚持，是吃苦精神，她们还不懂得生活的艰辛，巴望着这世界只是鲜花铺路，美酒接风。

忽然，有一个壮汉从对面冲将过来，蝶泳，动作很夸张，响动很大，把水花拍得老高老高，一个人几乎占据了整个泳道。他游得太自我了，明明看见了相向而来的我，但依然故我地横冲直撞过来，带着一股强盗般的快意。我当然很生气，但还是躲开了。

还有比这更严重的干扰。有一伙男男女女朝我游过来，转瞬间在我前前后后兴风作浪，企图打乱我的节奏，迫使我停下来。不知道我得罪了他们中间的哪一个，竟使我被迫面对一个无形的军团，像困兽一样孤立无援。一阵慌乱，我呛了一大口水，手脚顿时乱了，身体直往下沉，但我想到自己的目标，脑子"轰"地被击醒了：我要继续前进，不能与他们的纠缠为伍，也不能后退，一定要坚持住！于是，我奋力摆脱他们，不理，不听，不看，不想，不为所动，一心一意想着我的手怎么划，我的脚怎么蹬，我的呼吸怎么调整。这一着很快奏效，我感到自信的火炬又点燃了我的灵魂，浑身的血流又畅快地奔涌起来，就像有一股不可抗拒的神力，我箭一般地向前，向前。他们见扰不动我，只好讪讪地退走了。这一天，我创造了1700米的新纪录……

回想当初，当我第一次跃入蓝得透明的池水时，完全没想到这平静的游泳池，竟也是一幅内涵丰富的社会画卷。如今，每当我沿着那长长的泳道，奋起双臂劈波斩浪之时，都会不自觉地联想到人生。人生的问题当然远比这深奥得多，复杂得多，也更艰难得多，但我悟到了一个看起来平凡但做起来不容易的道理：目标始终如一。

书 评

韩小蕙散文的境界

卓　然

我喜欢读韩小蕙的散文，因为韩小蕙的散文有境界。

王国维在《人间词话》里开宗明义："词以境界为最上。有境界则自成高格。"我以为散文也是，有境界的散文也自成高格。不然，散文就难得厚重，难得宏阔，难得立意高远，难得清俊峭拔。

那么，何为境界呢？王国维是这样解读的："古今之成大事业、大学问者，必经过三种之境界：'昨夜西风凋碧树。独上高楼，望尽天涯路。'此第一境也。'衣带渐宽终不悔，为伊消得人憔悴。'此第二境也。'众里寻他千百度，蓦然回首，那人却在，灯火阑珊处。'此第三境也。"

其实，境界何止这三种。杜甫的"安得广厦千万间，大庇天下寒士俱欢颜，风雨不动安如山"亦是一种境界；李白的"且放白鹿青崖间，须行即骑访名山"亦是一种境界；苏轼的"且夫天地之间，物各有主，苟非吾之所有，虽一毫而莫取"亦是一种境界；陶渊明的"采菊东篱下"亦是一种境界；辛弃疾的"醉里挑灯看剑"亦是一种境界；李清照的"生当作人杰，死亦为鬼雄"亦是一种境界；柳宗元的"独钓寒江雪"亦是一种境界；王昌龄的"不破楼兰终不还"亦是一种境界；《岳阳楼记》亦是一种境界……

据此，我们可以看出，境界就是一种精神、一种态度、一种思想、一种品质；是风格、是风骨、是器度、是情趣、是情怀、是哲思；是世界观、人生观、价值观。

散文的境界，是人文精神，亦是自然精神。

散文有长短，境界无大小，只要有境界，便是好散文。

若干年来，人们多在谈论"大散文"和"小散文"，但究竟什么是"大散文"和"小散文"呢？是否文字多、篇幅大、文章长、洋洋洒洒数万乃至数十万字的文章，或表达大事件、大场景的散文，就是"大散文"？文字精美、篇幅小巧、结构玲珑、小情小调的小事件，就是"小散文"？

我以为不然。我的观点是，只要有一种境界行走在文章的字缝里，只要有一种精神、思想、情怀，烛照于散文的字里行间，即便是一点情，一点爱，只要写得深切，感人动人，便可称得上"大散文"，比如《七发》《陋室铭》《湖心亭看雪》，我们都必须称之为"经典""精品"，绝对是"大散文"。不论什么样的文章，如果没有境界，即便能称为"文章"，也不可称作"散文"。

有境界的散文可以引领人们走进文学殿堂，给人以美的享受、艺术熏陶、文学滋养和哲学浸染。

韩小蕙的散文是有境界的散文，可称之有文学的精神品质。

《目标始终如一》是韩小蕙一篇散文的题目，她拿来作本散文集的书名，并把文章作了这本集子的《序言》，可见她自己很看重这篇文章的境界。我亦认为，"目标始终如一"就有一种境界在，可以作为我们每一个人的座右铭。

韩小蕙这本散文集是写给小朋友们的，那么她是在教诲那些立志做"小作家"的孩子们吗？如果是这样，那这个题目就显得生硬而执拗。在我读之前，本想文章里一定写了大事件，她也一定会运用她的如椽之笔，以宏大叙事的气魄，写出一篇惊天地泣鬼神的"大散文"。但读过之后我感到些许惊讶，原来，此文写的只是一件微不足道的小事，是韩小蕙在游泳时产生的一点小感受。

"家门口新建了一座游泳馆，我遂与游泳结了缘……"

这样微不足道的一件小事，虽然只有千余字，却被作家写得峰回路转，跌宕起伏，摇曳生姿。从"最初，游上50米，就喘得像一只得了气管炎的海豹"，到"完全没想到这平静的游泳池，竟也是一幅内涵丰富的社会画卷"。本文的意义在于，作家通过生活中这么小的一件事，升华到了"目标始终如一"的精神境界，而这样的境界是适合我们每个人的，有普遍意义。

并且，"目标始终如一"的"一"，在这里已经不是一个普通的"一"，它包含了无尽的生活道理和哲学思想。"抱一为天下式"（《老子》），"一也者，万物之本也"（《淮南子·诠言》），"惟初太始，道立于一，造分天地，化成万物"（《说文》），"一生二，二生三，三生万物"（《老子》）。你想做一位成功者吗？或学者，或科学家，或工程师，或妙手回春的良医，或一发必中的射手……你都必须坚持"目标始终如一"。可贵的是，这些道理都不是韩小蕙在文章中说教出来的，而是一种含蓄的表达。一位成熟的作家，就是这样把自己的观点深藏在一种意象中，用情感去点燃读者，启发他们的思考，正如著名散文理论家王兆胜在评论韩小蕙的散文时所说：“作品中也留下更多让读者不断思索的潜内容和隐话语。”春风化雨，潜移默化，才是文学作品的品质。

《有话对你说》是韩小蕙早期散文的代表作，实在可称得上“精品”，所以让北大教授谢冕、钱理群收入了由北京大学出版社出版的《百年中国文学经典》。“我只是想让这个世界变得美好一些……”这是韩小蕙在该文中最显肝胆的一句话，是她一贯的行事态度；“一个倔强的、昂扬的、渴望为真理而冲锋的灵魂”。是韩小蕙追求的精神和境界，太难得了，太可贵了，“想让世界变得更美好一些”也许只是她的主观愿望，而“渴望为真理而冲锋的灵魂”，是她精神品质的内在表述。还有《悠悠心会》，写的似乎是《有话对你说》里的同一个人同一件事，却表达了朋友之间如何相处的一种思想和情愫，把古人“相见争如不见”的道理深埋其中。

在《80后蜜蜂宣言》中，韩小蕙这样写道：“我们的宣言是：抛弃传统的重负，重建新的世界观和社会秩序。在自己拯救自己的同时，也要拯救人类，拯救地球，拯救全体生物类！”这是多大的气魄啊，虽然托言蜜蜂，却不能不说是韩小蕙的心声。

韩小蕙的散文开卷有益，能给人鼓舞，催人奋进，她的语言精致，文字优美，文采铺张，文章构架以及题目的运用都会吸引读者，激发读者的阅读兴趣。比如《80后蜜蜂宣言》，读者，尤其是小读者，自然会发问：这样大气魄的宣言，怎么会出自蜜蜂之口？蜜蜂为什么要发布这样的一个宣言呢？读者不会没有兴趣打开书本，埋头阅读这样的散文。

韩小蕙的散文是纯净的，明澈如秋水，清芬如春花，给人精神陶冶与灵魂净化，没有杂质。尤其是孩子，只会如畅游在一池清凌凌的春水中，听水声如晓莺春啼，看水花洁白如雪花。

比如她的《小村即景》，这是被各种教材、教辅和高考、中考反复引用的一篇千字文。请看其对山崖的一段描写："但见对面崖壁是一面巨大的史前壁画，那上面的神秘图案令你读不够也思不够。而远处，则是一派倒海翻江的山峁沟壑图，纵是天下最杰出的大师，也绘不出它们的英雄本色。"几乎每一个字都是有性格的，都是有灵魂的。

再看她对黄土高原冬天的描写："当钻天杨的最后一片叶子被狂风吹落之后，生命的绿色消失殆尽，苍莽的黄土高坡就裸露出它的贫瘠。高崖与低谷之间，只萧疏着荆棘枯草的几根枝杈，天低云暗，更载不动崖崖坡坡、沟沟壑壑的忧并愁。而夹带着黄土的狂风却全然不理会这些，只一阵紧似一阵地刮来，对准光秃的崖际，麻利地刮下一层又一层黄土，怪笑着抛向半空中。//在这样的日子里，连狗儿也不敢跑出了；家家院子，更是门户紧闭，汉子蹲在炕沿上抽烟叶，婆姨搂着被吓坏了的娃儿，满崖、满坡、满世界中，失却了一切人声兽语，只剩下狂风的怒号和黄土地的呻吟……"几乎每一个字都是活的，都有蓬勃的生命力。

在《什么是海》中，作家用一个问句引出了"海是什么"，然后便展开了天女散花般的想象，用时而古典、时而魔幻、时而传统、时而先锋、时而写实等杂糅手法，做出了令人眼花缭乱的回答：

　　海是大神波塞冬的舞蹈，是东海龙王的大笑，是妈祖娘娘的花园；

　　海是宇宙的墨水瓶，是太阳系的黑洞，是天荒地老的智库；

　　海是横卧的群山，是翻滚的森林，是高举的手臂；

　　海是时间的舵手，是空间的领袖，是万寿无疆的主宰；

　　海是闪电的 Wi-Fi，是风雨的 iPad，是雷暴的 Facebook（脸书）；

　　海是人类的玄幻，是帝王的野心，是民众的梦想；

　　海是大红的"福"字，是平顺的"寿"字，是笑盈盈的"喜"字；

　　海是父兄的胸膛，是妻女的柔肠，是游子的眷恋；

　　海是勤奋的双手，是奔驰的高铁，是冲上蓝天的 C919；

　　海是奋斗的目标，是励志的课堂，是激情的泊地；

　　海是智慧的集合，是意识的闪光，是思想者的家乡；

　　海是歌德的诗句，是欧·亨利的小说，是莎士比亚的戏剧；

　　海是艺术的思念，是绘画的牵挂，是雕塑的守望；

　　海是"大"的神显，是"小"的形象，是无垠的知白守黑；

海是一代代的激情，是年轮的能量，是古往今来的热泪盈眶；

海是梦断的忧郁，是悲涕的扼腕，是千年的一声叹息；

海是水中月，是镜中花，是心无挂碍的企盼；

海是命运的大网，是多舛的坎坷，是大自然的曲曲折折；

海是重启的电脑，是光量子计算机，是创新的充电基地；

海是苦够了八十一难仍不回头的刚毅男人，是尝遍了酸甜苦辣仍不退缩的顽韧女子；

海是涅槃的火凤凰！

请别抱怨我引用的文字太长，这一段闪耀着智慧火光的文字，是一首蕴含深意的长诗，有大精神！有大境界！太美了！

2022 年元旦于北京燕草堂

目录 CATALOGUE

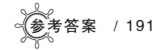

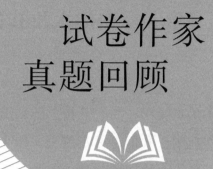

试卷作家
真题回顾

岳莹享堂、三碗清水及其他

①汤水汤汤，我心芳香。汤水汤汤，我心向往。

②此刻，我们正站在汤阴一望无际的黄土地上。这是中原大省河南省最壮观的初夏时节，同样一望无际的麦地伸展到天边。在这无垠的麦地中间，空出了一个偌大的院落，就是现场的所在——河南省汤阴县周流村中的岳飞墓园。

③在这片诞生英雄的土地上，没有佛教的大雄宝殿，没有哥特式的天主教堂，没有道观和清真寺，也没有其他一切拜祭神，只有岳飞庙。

④说话间，我们迈进了"老岳爷"先莹墓园，走入第一间享堂。大殿正面，是"老岳爷"一尊高大粗壮的彩绘雕像，完全民间手法：虎背熊腰，方头阔脸，粉面朱唇，浓眉大眼，威风凛凛，浩然正气。一看就是出自最优秀的民间艺术家之手，手传心声，塑造的是家乡百姓心目中原汁原味的"老岳爷"形象。

⑤每年在这里，有两个日子是神圣的，比过年还过年。一是农历二月十五，二是大年三十，汤阴百姓蒸馍的蒸馍，制衣的制衣，携妻挈子去岳庙上香。是两日，庙中人山人海，万头攒动，成为汤阴最盛大的节日。

⑥汤水汤汤，我心铿锵。汤水汤汤，我心雄壮。

⑦我现在还清楚地记得小时候看的小人书，上面有岳飞骑着战

马，双手舞动大枪，枪挑小梁王的雄姿；也记得看到最后，是岳飞和站在他身后的岳云，俱双手被绑，一脸悲愤在风波亭英勇就义前的最后形象。及至后来稍长，第一次读到岳飞的《满江红》。

⑧当时读罢这首词，我整个人僵在那里，感觉体内的血液一点一点被点燃、升温，直至沸腾！岳飞大将军的那种磅礴大气，那种正义凛然，那种对国家和民族至深至炽的爱、对敌寇切齿切心的恨，那种视死如归的尽忠报国之情，化作熊熊烈火，从此就开始在我身体里持续燃烧！最瑰丽的感觉是仿佛自己也抛却了女儿身，回到千年之前的古战场，跟着大将军"壮志饥餐胡虏肉，笑谈渴饮匈奴血"。

⑨我恭恭敬敬地走上前去，立正站好，向岳飞大将军行注目礼。我身旁，是中国人民解放军少将李存葆。早上出门时，我看见他穿上了军装，扛着将军徽章，全身上下庄严肃穆，连一个皱褶都没有。他慨然说："今天是去拜见岳飞，我得着正装，以示我的敬仰。"

⑩我们朝岳飞雕像深深鞠躬。就在此时，我再次看到走遍汤阴皆如是的一个景象——在岳飞大将军的雕像前，一字排开，只供着三碗清水。

⑪的确是水，不是酒。这三碗清水每天都换，这个院子每天都清扫，都是老百姓自发做的。

⑫为什么是水，不是酒？

⑬汤水汤汤，我心郁郁。汤水汤汤，我心悲伤。

⑭我端详着第一碗清水，心想是了，这是歌颂岳飞大将军的丰功伟绩。八千里征云战月，他一次次从血雨腥风中将胜利高高举起，拯救百姓于水火，托举国家于危难，令敌手闻风而胆寒，亦是敌人

永远攻不破的钢铁长城。这一张功勋累累的战功表，如清水一样澄明、清明、透明，不掺有任何杂质。

⑮我又端详着第二碗水，心下明白，这是为了彰显岳飞大将军的尽忠报国之心。三十年征战一步一个脚印，直至成为支撑南宋江山的擎天柱。朝廷的嘉奖可以不算，视功名为尘与土；百姓的歌颂也可以不计，只算是鞭策前进的不竭动力。为保家卫国，他把儿子、孙子乃至全家都送上了前线，一片耿耿丹心，天日昭昭。而他自己得到的是什么呢？除了敌人的惧怕，就是百姓的这一碗清水了！

⑯至于第三碗水，当我的目光落在它上面，眼眶突然潮热了，谁都知道岳飞是被秦桧恶党害死的。这千古奇冤，虽然后来平反昭雪了，虽然后来令秦桧恶党永远地跪在岳飞大将军的面前，任天下人唾骂；可是英雄已去，白云悠悠，山河破败，回天无术。

⑰汤水汤汤，我心切切。汤水汤汤，我心激荡！

⑱我扑向三碗清水。

⑲清水亮亮堂堂，倒影中，又映出岳飞大将军手握巨椽，拧着卧蚕眉，一脸的悲愤表情。我肃然一顿，悟出了他写的是什么——

⑳他在写："昨夜寒蛩不住鸣。惊回千里梦，已三更。起来独自绕阶行。人悄悄，帘外月胧明。　　白首为功名。旧山松竹老，阻归程。欲将心事付瑶琴，知音少，弦断有谁听？"

㉑他在写："还我河山！"

㉒他在写："尽忠报国。"

㉓他在写："天日昭昭，天日昭昭。"＿＿＿＿＿＿＿＿＿

㉔这最后的八个字，是岳飞大将军临终在狱案上写的，是他的

绝笔。我坚信，就像他心中还有未竟的英雄事业，他心中也一定还有未竟的切齿誓言。那千般悲愤，万端慨叹，想来，应该凝结成四个字——"灭除宵小"！

（有删改）

（山东省 2012 级适应性三模语文试题）

▶试 题

1.请用四个四字短语概括作者汤阴之行的心路历程。（4分）

_____

_____

2.揣摩下面句中加点的词，说说它的表达效果。（3分）

一看就是出自最优秀的民间艺术家之手，手传心声，塑造的是家乡百姓心目中原汁原味的"老岳爷"形象。

_____

_____

3.有人认为，删去第⑨段会使行文更加流畅，你对此有何看法？谈谈你的理由。（3分）

_____

_____

4.仔细阅读⑩—⑰段思考，"我"是怎样理解汤阴人民在岳飞大将军的雕像前一字排开的"三碗清水"的？（3分）

_____

_____

5.揣摩岳飞在写"天日昭昭，天日昭昭"时的心理，在㉓段横线处补写一段心理描写。（4分）

_____

_____

6.读完本文，有一位同学想为江阴的岳飞庙写一副对联，他写出了上联，却想不出恰当的下联，请你帮他补写出来。（3分）

上联：想当年铁马金戈，仅争得偏安局面；

下联：_____

小村即景

①这里是晋中南广袤大地上一个普通的小村庄。普通到你都不必问起它的名字。

②我曾到过许多名山大川，譬如"归来不必看五岳"的黄山，"浓妆淡抹总相宜"的西子湖，"千里江陵一日还"的长江三峡，"疑是银河落九天"的黄果树大瀑布（注：原文如此）等。但不知为什么，在这些有口皆碑的天下胜景面前，我没怎么体味到地域文化给予我的心灵震撼。

③然而世事却偏偏这么奇妙。这晋中南的普通小村庄，竟真的使我体验到了一种地域的魅力。

④这一带的地貌真是奇特，令平原人看上一眼便永远难忘。

⑤人正在大地上行走，突然，脚起脚落之间，路便没有了。探身一望，脚下就是直上直下的悬崖，有的深达数十丈，令人头晕目眩。

⑥而身后，人刚才走过来的地方，明明是平展展的土地，生着庄稼，长着树木，流着河水，跑着马车。还有一座座土砖结合而筑的农舍，用秫秸秆隔成的农家小院，从里面，不时传来鸡鸣、羊叫与娃儿的笑声。

⑦倏地，一群漂亮的狗儿你追我逐地奔了来，撒了欢儿地在地上跑着，跳着，扑咬着，尽情地嬉戏，却没见有一只掉下崖去。人

正在惊疑之间，崖上崖下的乡亲便喊起话来：

⑧"哎——吃哩？"

⑨"哎——吃哩！"

⑩这是汉子的声音。声音于崖上崖下巨大的空间之中，显得格外雄浑苍凉。倘是女子，便会于雄浑苍凉之间，又夹杂着缠绵悱恻的韵味，令人遐想无穷。

⑪一忽儿，月上高崖，清辉洒遍大地，崖上崖下便一起进入了这里才有的极其静谧旷远的夜世界……

⑫借用地理学的名词术语，这是典型的丘陵地貌。再准确一点儿说，这是平原与山地的交界地带，因而既呈现出平原的平整，又间有山地的起伏。起起伏伏之间，便出现大断大裂而又错落有致的高崖低谷。人在高处放眼望去，但见对面崖壁是一面巨大的史前壁画，那上面的神秘图案令你读不够也思不够。而远处，则是一派倒海翻江的山峁沟壑图，纵是天下最杰出的大师，也绘不出它们的英雄本色。

⑬老乡们却绝少这样看景。他们更相信老辈人嘴上留下的传说。说是女娲炼石补天那会儿，补到这地界时伸了个懒腰，漏下一缕沙粒，地面上便不平起来。因为年深日久，他们早已没有了对女娲的激愤，生命的因子里，只留下了择佳地而生息的顽强生命力。在极不规则的地表之上，他们竟顺势建起房舍，形成村落，荷稼养畜，婚丧嫁娶。虽然活得不轻松，但也能于春种秋收之中，闻得一些戏文。何况，当青草漫满黄土世界之时，山峁沟壑也显得翁郁苍翠起来。鸟儿也能飞来几只，叽叽喳喳地叫上一阵。

⑭这地方只是不能过冬天。一到荒凉的冬季，造化的穷凶极恶便再难掩饰了。

⑮每当钻天杨的最后一片叶子被狂风吹落之后，生命的绿色消失殆尽，苍莽的黄土高坡就裸露出它的贫瘠。高崖与低谷之间，只萧疏着荆棘枯草的几根枝杈，天低云暗，更载不动崖崖坡坡、沟沟壑壑的忧并愁。而夹带着黄土的狂风却全然不理会这些，只一阵紧似一阵地刮来，对准光秃的崖际，麻利地刮下一层又一层黄土，怪笑着抛向半空中。

⑯在这样的日子里，连狗儿也不敢跑出了；家家院子，更是门户紧闭，汉子蹲在炕沿上抽烟叶，婆姨搂着被吓坏了的娃儿，满崖、满坡、满世界中，失却了一切人声兽语，只剩下狂风的怒号和黄土地的呻吟……

⑰这一切，是平原人无论如何也经受不住的。

⑱与江南的鱼米之乡比，不用说，这样的地域环境是太沉重了。

⑲可无论是历史上还是在今天，这里始终被称之为晋中南宝地。庄户人家的日子红火，为历史上偏居此隅的各地诸侯们奠定了太平昌盛的基础。气势恢宏的中原文化，也由这里播向陕北高原，甚至远走河西走廊、祁连山脉。就连侵略者，也不敢贸然践踏这片神圣的黄土地——有老乡告诉我，在抗战最严酷的1940年，小鬼子也只有在大规模"扫荡"时，才敢来村子里指指戳戳。

⑳这到底是谁之功勋呢？

㉑人杰？地灵？还是天意？

㉒天意不过是人们自己编造出来的感觉。地灵向来也是依靠人杰才得以体现的。归根结底，我以为，还是这里的人民是有血性的人民。自然环境的险恶，造就了他们的挑战意识。倘若人类不劳动、不创造、不抗争、不奋斗，只期冀天上掉下的馅饼悠哉游哉地享受，恐怕这世界根本就没有了今天这高度发达的人类社会！

㉓这读不透也思不透的"史前壁画",这翻江倒海的"山峁沟壑图",特别是这依地势而形成的兴旺小村,就这样,永远地载入了我的记忆之中。我清楚,在今后的人生之旅,我会常常想起它们来的。

(有删改)

(广州市 2021 年六区高三一模语文试题)

▶试 题

1.下列对本文相关内容的理解,不正确的一项是( )。(3分)

A.文章既展现令人胆战心惊的小村景致,也娓娓道出安居乐业的百姓生活,这些正是晋中南这个普通小村庄地域文化的与众不同

B.文章写到山崖声响时,用显微镜般的纤毫细腻的笔墨毕现了汉子似的雄浑苍凉、深邃大气,以及杏花春雨般的柔媚,令人遐想无穷

C.文章引用专业的地理学知识,穿插着女娲补天的传说,以解释这个晋中南小村庄的地貌成因,突显小村庄神秘的人文魅力

D.文章中村民一辈又一辈奋发图强,把贫瘠的黄土地建成晋中南宝地,村民的奋斗史蕴含着"物竞天择,适者生存"的大道理

2.下列对本文艺术特色的分析鉴赏,不正确的一项是( )。(3分)

A.文章开头两段,作者运用欲扬先抑的手法,点出到过不少名山大川的她唯独对这个普通的小山村产生了极大的心灵震撼,为文章制造悬念

B. 文章第⑤至第⑨段写村民脚踏"直上直下的悬崖",在"令人头晕目眩"的环境下生活,竟能感到自在惬意,这种反差虽不大合理但充满张力

C. 文章结尾回应前文,再次把眼中这个小村的奇景比作神秘的"史前壁画""山峁沟壑图",展示小村的地灵人杰,作者由此思及人类社会

D. 文章运用托物言志的手法,生动描绘了普通小村庄独特的景致,抒发对当地地域文化的赞美,表达对小村人民坚忍不拔的精神的钦佩之情

3. 文中有多处对声音的描写,请找出两处(标出段落序号即可),并分别分析它们在文中的作用。(4分)

_____

_____

4. 本文题为"小村即景",但作者的用意显然不只是写景,请结合文本谈谈此标题的含义和作用。(6分)

_____

_____

_____

_____

咆哮赶海的黄河

①风疾浪高，黄涛怒卷。此番到东营市，在黄河入海口东津渡，我看到了咆哮的黄河。

②本来我们正行驶在一条前无车辆，后亦无车辆的公路上。公路崭新，光滑得如同一块蜿蜒的玻璃板，伸向无垠的天边。车窗外，右手边是低下去丈高的绿野，茁壮着大片大片即将丰收的玉米，一眼望不到边；左手边低下处则是浓密得遮住了阳光的行道树，季节正好，每片叶子都绿得像一幅油画，神采飞扬地展示着北国初秋那敞亮无邪的坦荡。

③我随口夸了一句"这公路真漂亮啊"，马上即有人纠正"这不是公路，咱们这是行驶在黄河大堤上呢"。愕然，还没回过神来，突然间，没一点儿思想准备，咆哮的黄河就出现在眼前！

④但见浓重的、土黄色的排浪，就像列队方阵的士兵一样，一排紧接着一排，一个紧挨着一个，排排涌涌，密密匝匝，脚尖踢着脚后跟，急急忙忙地向前滚动着，一个劲儿地往前抢，向前冲，仿佛去抢占生命攸关的阵地。一边冲锋，一边还在呐喊，射击，有时候不小心跌倒了，打一个旋儿，抹一把血，随即立刻快跑跟上队伍，继续怒吼，继续咆哮，继续冲锋，奔腾着向前，向前！有时候碰到了什么障碍物，"哗"地炸起一大瀑浪花，发出一声撕天裂地的吼叫，然后顾不上回头看一眼，又边打边冲，向前，向前！不由人不联想

起草原上掠过的马队，踢踢腾腾，一溜烟就不见了踪影。

⑤别说我这远方来客没见过这阵势，就是当地的作家们，也在发出一声声惊呼。对，完全是野马脱缰，而且是一群、又一群；是前赴后继，就像要战死沙场似的，那疯狂劲道，真让人目瞪口呆。此前，我曾在刘家峡看过清澈翠玉、湜湜静水的黄河；在万家灯火的兰州城里，看过宽阔雄壮的大场面黄河；在天设地造的壶口，看过慷慨激昂的瀑布黄河……但近多年来，一直有声音在嚷嚷："黄河断流了""黄河没水了"，所以给我的印象，黄河已是极度衰弱了，没有了精气神儿，行路已踽踽，全然失去了出发时那冲天烈火般的激情。特别是行将入海的黄河，更应该是一位耄耋老人了吧，温厚，从容，恬淡，怡然，心态平和，步履缓慢……然而，然而，真是万万没想到，黄河毕竟是黄河，即使已走近暮年，依然是大河东去，壮怀激烈的奔马群！

⑥两千年前的公元 11 年，这群奔马来过一次，可惜那是一群狂乱的野马，东奔西突，左冲右撞，致使千里沃野平原一忽儿就变了色，高山为岸，深谷为陵，等它们发够了飙，已经过去了五十九个春夏秋冬。有一位叫王景的好官站出来治黄，率百姓修筑了千里长堤，将害水束缚，东引至今天利津城南的千乘河口，算是写下了一篇"人能胜天"的佳作。无数流民投奔而来，在黄河泥沙托举出来的冲积平原上，面朝黄土背朝天，筚路蓝缕，开垦家园，一代承接一代，终于让春华秋实落了地，争来了"千年安流"的光耀，在一片哀鸿遍野的黄泛地之上，建起了一派安居乐业的古代黄河三角洲。

⑦然而，"天意从来高难问"。正应了不可抗拒的客观规律，历史的前进，从来也无鲜花铺地、雨露接风的笔直。1854 年，一群野马又残暴地闯荡来了，不按规矩出牌，不听法律警告，不顾百姓

哭嚎，不解东风意愿，只一味野蛮横行。"黄流直下铁门关，水浅泥深解容颜"，沿海的大部分滩池被洗劫一空，"千年安流"的古黄河三角洲毁于一旦，东津渡码头的繁盛不再，黄土地上的丰收不再，千帆竞发的胜景不再，渔浦盐业的福祉不再，一切完败了，曾号称"小天津""小济南"的繁华码头，彻底倒退回芦苇萋萋的蛮荒态……

⑧黄河其实是很难接近的。它把奔进大海怀抱的入口处，隐藏得很深，很深。我们的汽车开了几个小时，眼睛都看累了，还只是大片大片的白碱地，除了芦苇，还是芦苇，满目皆是秋黄色的苍凉。我想起前年在青岛海水稻研发基地，看到亿万人尊敬的袁隆平老院士，正争分夺秒率领团队研发海水稻，如果最终取得大面积成功，这大片大片的白碱芦苇地，不就都可以变成造福人间的风水宝地了吗——我祈祷！

⑨中国黄河的代名词就是"不屈"，就是"刚烈"，就是"奔腾向前"，就是"百折不挠"！我傍着咆哮的黄河，进入了高台村。桀骜不驯的黄河时不时地就会闹上一顿脾气，1855年的大河决之后，洪水肆虐，溃口林立，一年数决，民不聊生，反反复复折腾，过七八年就来一次，直到2013年，暴躁的黄河还又一次放出几匹野马，把高台村的房屋毁塌了大半。按照利津县政府的思路，干脆把堤外的村庄全部搬进堤内吧，百姓就安全了。故土难离，不愿抛家别舍迁走的乡亲们，把房地基加高、再加高，用石头垒严实、再严实，并在房屋周围留出低矮的泄洪道。于是，村庄里就又呈现出"春在溪头荠菜花"的祥和景象。

⑩我信步走进一个庄户院子。非常原始的三间大瓦房，不过在这个庄户院里，还是看到了属于我们这个时代的新元素：一辆蓝色

皮卡已经是辆旧车了，上面溅满了泥点子，显然对家庭的贡献不小。还有一辆红色轿车，像旧时王谢堂前的燕子一样，飞入了这个寻常农户家。

⑪今年台风频仍。第9号台风是一匹叫"利奇"的野马，从遥远的浙江温岭一路北上，铁蹄踏踏，风嘶雷吼，刚刚掠过此地……抬望眼，透过日影斑驳的树荫，可隐隐约约看到高高的黄河大堤，像长城一样稳稳地安卧在头顶上，蜿蜒成一条巨龙。侧耳听，隐隐传来黄河的涛声。"黄河之水天上来"，然而黄河也的确有着它的千万张面孔和万千种姿势，认准目标不回头，奔腾到海力不休，于排浪中听惊雷，雄震广宇四海愁，这亦是相当震撼的骄世独绝。

⑫2019年金秋，我心心念念来看黄河入海，风高浪快，黄水桀骜，平生第一次见到了咆哮赶海的黄河，大开了胸襟。

（有删改）

（2020年上海市嘉定区高三二模语文试题）

▶试 题

1. 第④段与第⑤段都是描写黄河，写法不同，请结合具体内容比较赏析。（4分）

_____

_____

2. 第⑥段在全文构思中有重要作用，请加以分析。（4分）

_____

_____

3．有人认为第⑧段画线句联想牵强，建议删去，你认同吗？请说说你的看法。（3分）

_____

_____

4．评析本文所表达的思想感情的意义。（4分）

_____

_____

仰慕天柱山

①安徽省有潜山市，古称"舒州"。其地面立天柱山，巨峰开石花，傲世而独绝。

②仰慕天柱山，首先是仰慕天柱山的尊严。这是亘古洪荒的大自然杰作，有巨大一簇石峰花，雄武地绽开在天柱山顶。石峰花呈爆发式怒放状，不知是在哪个春天，不知是被哪一夜忽然吹来的春风吹醒，于是在一阵天崩地裂之后，便留下了永恒。伟哉，幸哉，大自然格外开恩天柱山！

③仰慕天柱山，是仰慕天柱山的内涵。群峰莽莽，奔腾而来，山浪峰涛，岩呼石啸。一座又一座巉峦腾起，一块又一块巨石发功，将满山的绿高高举起，与天地人同辉，和日月星竞耀，共真善美歌泣。

④仰慕天柱山，是仰慕天柱山的厚度。李白一步一回头，留下"待吾还丹成，投迹归此地"的心愿。苏东坡游兴高飙之际，挥毫写下"青山只在古城隅，万里归来卜筑初"。王安石虽累累被官场羁绊，内心却一直思念着"水泠泠而北出，山靡靡而旁围。欲穷源而不得，竟怅望而空归"的天柱山。黄庭坚来得最是时候，石牛古洞前巧遇大画家李公麟，请他给自己画像之后，迅即写下一首七言诗："郁郁窈窈天官宅，诸峰排霄帝不隔……石盆之中有甘露，青牛驾我山谷路。"

⑤仰慕天柱山，也是仰慕天柱山的奋发。一代代才人辈出，一家家儿郎脱颖。东吴出了兼文学家、科学家、数学家于一身的才子王藩；晚唐有诗词名家曹松；宋朝出了宰相王珪，还有画出《五马图》

的李公麟；清初又涌现出桐城派代表作家、皖江文化首创者朱书；晚清有京剧鼻祖程长庚，率领徽班进京，促进了京剧这一国粹的形成和传播；1949年之后，又出了杂技皇后夏菊花，黄梅戏表演艺术家韩再芬……

⑥仰慕天柱山，也是仰慕天柱山的传承。今天，就在我们身边，还在不断涌现俊杰人物。在天柱山的怀抱中长大的刘少斌，建立天柱山养生武术院，一个又一个洋弟子追随而来，甚至在山脚下建起"俄罗斯学艺村"，穿着对襟练功服，终日沉浸在天柱山的纯净里。

⑦最后，仰慕天柱山，是当年从余秋雨文章《寂寞天柱山》开始的。余先生独辟蹊径的"安家"角度，卓尔不群的"寂寞"见识，无不震撼着我，使一座陌生的天柱山，从此在心中深扎。正如一个人要有知音的理解，一座山也需要经典的解读。

（有删改）

（2020年福建普通高中学业水平合格性考试语文试题）

▶试 题

1. 作者笔下的天柱山有哪些值得仰慕之处？（3分）

_____

_____

2. 文章第④段引用了一些文人诗句，有什么作用？（6分）

_____

_____

3. 作者为什么在文章末段写到余秋雨对天柱山的解读？（6分）

_____

_____

试卷作家
美文赏练

人间有大爱

🌸心灵寄语

> 　　在疾病和灾难面前，人类总是可以患难与共，用爱心与信心汇聚成抵抗一切不幸的力量，这是一种人间大爱，是人类所共有的高尚情操。

　　四个孩子一字排开站在阔大的台上：最小的是还不到五岁的瑶瑶，多亏她怀里抱着一束花，使这个"小嘎蹦豆"还不至于显得太单薄。中间是十四岁的高帅，这个果然帅气的男孩有点腼腆，脸涨得红苹果似的，但是像钉子一样顽强地站在那里，还努力绽开了微笑。旁边是十六岁的漂亮女孩任爽，她在刚结束的学期考试中，以高出第二名70多分的成绩名列全年级第一。在她身边的是二十三岁的大姐姐孙琳琳，她是沈阳音乐学院声乐系学生，此刻，她正在演唱《报答》："我的一颗心都捧给你啊，我的祖国我的母亲，我的家乡父老，我的兄弟姐妹……"全场爆发出雷鸣般的掌声，许多人泪流满面，泣不成声。

　　这是2007年秋阳初照的一个星期天，在沈阳市南风国际俱乐部大礼堂里。这是一场热爱生命、热爱生活的"肿瘤防治知识传播和激励行动"大型报告会。这场向癌症宣战的活动吸引了上千沈阳市民，一大早就扶老携幼来到会场。台上的这四个孩子都是已经过治疗、正在逐渐康复的恶性淋巴瘤、白血病患者。

四个孩子的故事不仅感动了大家，同时也给了大家信念：在我们当今这个科学一日千里发展的崭新时代，癌症已不再是绝症，只要人类团结起来共同抗击，癌症这个魔鬼是可以战胜的！

中国医科大学附属二院、盛京医院郝民纯主任介绍了对高帅的治疗过程：这个来自本溪农村的男孩患恶性淋巴瘤以后，到今年4月份病情恶化，连日高烧不退，不能进食，生命已处于奄奄一息的状态。家里已经绝望了，放弃治疗，准备后事。此时，沈阳协合集团董事长陈巨余爵士及时赶到，送来了该集团研制开发的生物抗癌新药超级抗原，还有善款。三天后，高帅开始退烧、吃饭、下地，目前经过四个月的精心治疗，使小高帅奇迹般地回到了人间。

不满五岁的小瑶瑶来自沈阳一个普通家庭，生性活泼可爱，不幸罹患了白血病。今年春节，当温家宝总理到医院视察和看望病人时，正在那里住院的小瑶瑶天真地走上前去，主动要求为温爷爷唱歌跳舞，感动得温总理抱起小瑶瑶留下合影。现在可以告慰温总理的是，小瑶瑶接受"四位一体强效抗癌法"治疗后，身体经受住了威猛化疗的飓风般的猛烈"袭击"，目前正在一天一天走向康复。大夫保证说，彻底治愈小瑶瑶不成问题，以后她上学、工作、结婚、生子都不成问题。

当天真的小瑶瑶声情并茂地唱起《北京的金山上》时，全场动容，连我这个极少流泪的人也禁不住热泪盈眶。我知道，癌症患者是一群特殊的人，在过去相当长的时间里，他们被视为已走入另一个世界，除了"想吃点什么就吃点什么"地等死之外，似乎已无路可走。连灿烂的阳光，连艳丽的鲜花，连孩子的笑脸，连父亲母亲以及所有亲人的呼唤，也温暖不了他们冰冷的身体和心理……

然而随着现代医疗研究的不断进步，随着一个又一个医疗奇迹的创造和诞生，星星之火已慢慢聚集成燎原前势，正在对癌魔形成合围。除了传统的"手术—放、化疗"手段之外，中国的医生们以中华"和谐"宇宙观为理论基础提出的"固本清源""扶正祛邪"治疗法，也发挥着越来越重要的作用。运用生物药品，提高患者自身免疫力；顺应大自然规律，实行"绿色抗癌疗法"的医学家们，都在争分夺秒地进行着各自的研究，在和凶恶的癌魔赛跑。

北京解放军总医院博士生导师、超级抗原微波凝固治疗癌症的创始人董宝玮教授，身为将军却甚是儒雅，早年就读中国医学科学院首都协和医科大学的八年经历，不仅把他培养成一位名医，也给他打下了深厚的文化底蕴。近年来，他的抗癌成绩卓著，使三分之二的肝癌患者达到五年生存率，创造了世界医学奇迹。此刻，他用近乎哲学家的讲述告诉公众：应该对200年来"工业文明"所形成的医学思维定式进行反思了，在相当一部分患者身上，"以毒攻毒""斩尽杀绝"可让位于"带癌生存""与瘤和平共处"，防癌治癌的根本是修筑好人体自身免疫的堤坝。他的话使不少人、包括其医学同行们陷入深深的思索。

中国生物医学物理研究所磁医学专业委员会常委、"绿色抗癌疗法"的倡导者刘思华主任医师经过十八年的艰苦探索，挽救了成百上千名癌症患者的生命。甚至有的病人被判为只有一周的生命期了，却被刘大夫从死亡的魔爪下救了回来。每讲到一位病人的康复，台下都传来热烈的掌声，这不仅是对病人的祝贺，也不仅是对医生的感激，更是人们对于团结起来战胜癌魔的共同宣言——现在，具有文明素养的社会人群已逐渐接受了这样的理念："主观为自己，客观为大家。同舟共济，共保健康。"

是的，抗癌，战胜其他疾患顽症，已不仅是个体行为，而成为全人类的共同使命与责任。科学研究告诉我们，肿瘤在诊治过程中，患者不仅面临着身体和生理上的折磨，还有心理、社会与精神方面的考验，尤为需要来自家庭、亲情、友情的支持与关爱。我泪眼婆娑地看到，"琳琳抗癌俱乐部"和"癌症患者家属互助组织"的成员走上台，向全社会发出呼吁："当癌魔袭来时，有至亲至爱的亲人的关爱与呵护，有患难与共的患者之间的交流与帮助，有全社会深厚爱心的传递与支援，可以不断增强与肿瘤斗争的力量！"

是的，我们都已不再是孤立的个体，不再是任病魔任意宰割的羔羊，不再孤立无援。在社会文化越来越强势发展的今天，全人类也形成了越来越强大的抗癌文化："癌症可防可治"，"科学健康生活，提高公众自我保健意识"的口号，越来越深入人心。

是的，是的，生活，不都是蓝天、白云、鲜花、美酒，谁也不敢说明天自己是否也会坠入非健康人群。然而，当乌云压顶时，我们一定要以百倍的信心来从容面对——这力量的源泉，来自人类的大爱！

精彩赏析

在一场"肿瘤防治知识传播和激励行动"报告会上，作者被四个孩子的表演深深打动了。这四个孩子瘦小单薄的身躯虽已饱受疾病的折磨，却显现出顽强的生命力。他们战胜癌症，不仅是由于个人的意志力，也归功于医学的进步，这是许许多多医学家、生物学家通过不断努力获得的成果，它不仅体现了人类科技的迅猛发展，也体现了人类企图战胜癌症的决心。而这，正是人间大爱，人们互相关怀，贡献自己的爱心、智慧，团结一致形成对抗病魔的共同体，这份力量不断推动着人类的进步。

普通人也不可被忽视

❀心灵寄语

> 追求卓越、变得优秀是为了让我们的人生有更多的可能性，而不是为了能让我们鄙视他人。生命本就渺小，人人都是普通人。

今年是三十多年里未遇的寒冬，整个北京城被冻得像大雪封住的田野一样，僵硬而失语，只"咝咝"的冒着凉气儿。过春节之前，我特地挑出几张写着火热祝词的贺年卡，寄给几位与我不相关而又息息相关的人——他们是我家、我单位附近邮局、银行等的工作人员。在过去一整年里，他们为我的工作和生活提供了非常优秀的服务，我一直心心念念地感激着他们。

上高一的女儿不愿理解，用"新新人类"那种特殊的语言发问："你认识那么多学界巨腕儿，还有那么多酷毙了的文学、艺术、媒体巨星，给他们还寄不过来呢，干吗要给这些普通人寄？"

我解释说："你不知道他们帮了多大的忙，当编辑的整天饕餮邮件大餐，要是没有了他们，或是他们的服务稍稍不到位，我们的日子可就像是被黑客袭击的电脑，整个儿都得瘫痪。"

女儿摇头。我就开始给她举例，期望能感动她："有时候我去寄书和稿费，一次就是几十件，连我自己都觉得烦，可是那位叫安娜的小姐，总是耐心地接待我。为了不让我久等，她先整笔收下大宗邮件，等顾客不多时再一件一件地细做，这样她等于给自己添了麻烦。如同普通人也有美丽的名字一样，普通人也有美丽的心灵。"

女儿不语。我又说："我每次去银行，最愿意去一位叫梦羽的女营业员的柜台，看她干活真是一种艺术享受，无论是点钞还是敲电脑，她那一双手就像弹钢琴一样，麻利快，准确，自信，显示出一种特殊的节奏美和韵律美。每每这时我就会想到：生活中的美真的是无所不在的，梦羽的劳动和钢琴家的演奏，是同等意义的美。"

女儿"哼"了一声，我不知其意，便又举了一例："北京下大雪那天晚上，天又黑又冷，一位中年邮递员来敲咱家的门，原来是咱们小区的楼号改了，有几份报纸一直没找到订户，他来一家一家地查找。看到他冻得捂着耳朵直跺脚，我感动得眼眶直发热……"

女儿却突然打断我，断言道："这本来就是他的工作，用不着感激涕零。"我目瞪口呆，女儿又发起攻击："我看你的思维是出了毛病，现在人都推崇名流、巨星、大腕儿……你可倒好，偏把自己往普通人堆儿里扎，这不是水往低处流吗？"

我知道处于青春期的女儿，现在最爱反抗我，所以对她的态度暂不予以追究。但道理必须讲清楚，就很严正地说："你切记，咱们也都是普通人，不是贵族，这是第一。第二，这些普通人把普通的工作做好了，也同样体现价值，社会离不了普通人。"

女儿突然坏笑，斜着眼冷冷刺来一句："那你干吗老说将来我没出息扫大街去？"

我噎住了。

语塞。片刻尴尬。赶紧走开为上。

这大概就是"世纪末流行病"吧？它夹在传统审美取向与快餐时尚价值中间，忽左忽右地飞翔，轻松快乐地漫游，什么也不问、不想、不深究、不负责任，因而不沉重也不痛苦。当初大家都兴找一个"红五类"做配偶的时期，就连小业主也不要；后来大家时髦吃肯德基、麦当劳的时候，又一起轻视老北京炸酱面；现在大家皆曰电脑成了时代的主宰，就不管用不用得着赶紧抱一台686回家——这也就是集体形成向孩子们吼叫"扫大街去！"之壮观阵势的社会原因以及心理原因？

让我惭愧的是：我自己身为作家和记者，高举着神圣的文学和新闻火把，自以为倾心倾力地助燃，却也未能免俗地得了这种流行病，一方面，心里还珍藏着"君子食无求饱，居无求安，敏于事而慎于言"的传统道德观念；另一方面，也确实整天在对女儿灌输着"劳心者治人，劳力者治于人"云云，告诫她若考不上大学，可就不能回来见我。在关乎她命运前途的问题上，我偏执得像见了红布的西班牙斗牛，绝对没有了"普通人"的商量余地！

难道说，我送上的是一张张虚伪的贺卡？

不是啊，天地良心，我从心底里认为普通人也不可被忽视！

哎呀呀，我的脑子也"嗞嗞"的冒起了凉气儿，只好求教于大家同志们吧。

精彩
—**赏**析——

　　作者通过讲述与女儿的一段对话，抛出了一个经典的难题。父母总是希望孩子都能够出人头地，却又教育我们职业无贵贱，普通人也有他们的价值。那么这不是矛盾的吗？这实际上正体现出人性的矛盾之处，一方面社会将人分为三六九等，这促使人们为了争取地位和利益，必须与他人竞争。另一方面，人们又对美好社会和理想人性抱有希望，期盼着真正的平等，而有些人即便通过努力获得了一定的地位，也会真心希望并努力践行着人人平等的理念，这同样是可以理解的。

_____

悠悠心会

> 真正的友谊，可以超越一切功利的目的，可以战胜时间与距离，它是两个灵魂的相互共鸣与陪伴。

我与彦弟通信整整五年了。

五年间，寒来暑往，尺素不隔。双方都把各自的信编号珍存，时不时拿出来重读一遍，一颗心儿便如同被风鼓满的船帆，互相驶向友谊的彼岸……

呵，被挚友心心念念地记挂着，思念着，这是怎样的一种人生幸福啊！

人类社会，顾名思义，是人类共处于其中的世界。在这个世界里，人与人、心与心、灵魂与灵魂，日日、时时、分分、秒秒都在交往中碰撞。或产生电流，或产生火花，或像拍不起的瘪皮球，激不起一点反应。

"心有灵犀一点通"，此话确有一番令人神往的意境。不过，心若没有那点灵犀呢？那么交往不就成为一种难耐的苦痛了吗？

我想，这是永远也说不清楚的事。要不，有的夫妻一个屋檐下厮守一辈子，有的同事一个办公室对坐几十年，就是没话，心灵间始终横亘着一片寸草不生的荒漠。

可人生也真的不乏夺人魂魄的火山爆发。古往今来，伯牙摔琴谢子期的事，代代年年。

其实，我与彦弟，素昧平生。

双方从未谋过面，连照片也没见过一张。时至今日，我不知他是高是矮，是胖是瘦，是黑是白，模模糊糊的印象里，只知他是清纯和美的化身。

正是这清纯和美，维系着我们姐弟的心灵世界。

初识的开端实在是平淡无奇的。在一家报社做编辑的我，有天在一大堆来稿之中，发现了一篇数百字的小散文《呵，小园》。别看文章很短小，但写得神采飞扬，极其灵秀隽永，使我爱不释手，用心编辑出来，又把题目改成《小园》。

后来，《小园》变成铅字，在报纸上发表了。我给作者寄去两份报纸，并附了一纸短笺，大意是"再盼惠赐佳作"一类的套话。

这位作者，便是彦弟。

从此，便频频接到彦弟的来信。

在匆匆人生行旅中，碰到一个知己，实在是极偶然极困难的事。你想，几十万年的人类社会，有多少芸芸众生出入其中，而每个人，只不过能活上短短几十年。在难以计数的世人与你的几十年之中，你知道你的经在哪儿，你的挚友的纬在哪儿?

经纬相交，才称得上一个完整的人生。

这情形真有如寻找恋人。有的人，从青春年少直寻找至白发苍苍，也还是寂落凄零、茕茕孑立!

我每天都能收到不少作者的来信。因而起初，彦弟的信未能引起我的特别注意。加上他客气地把我称作"老师"，这是我最不能接受的称谓之一，便也淡淡。用后来彦弟的话说，常常是他几封长信之后，才接到我字迹潦草的一页纸。

然而，世事到底拗不过人间的真情。渐渐地，彦弟的来信终于占据了我心中的一席位置。到底是他每封来信工工整整的楷书，还是对我每一篇文章的评点之情，或者是他改老师为姐姐的亲切的称谓……至今，我已记不清到底是彦弟的哪一点打动了我，从此拨响了我们即呼即和的心之琴弦。

于是，我写给彦弟的，不再是字迹潦草的一页纸了。我们从文学谈起，直至大千世界的各种声响、色彩，都成为我们的谈资……

古人云："以利相交者，利尽而疏。"

不用说，功利目的的交往，其结果往往令人心寒。

现代社会科学技术的高度发达，为人类提供了诸如通信、电报、电话、名片等越来越多的交往形式。近年来还兴起了"公关热"。

用时下流行的公关学理论来说，你交际得越广泛，则你个人的价值实现得越好——因为你建立的社会关系越多，就证明你所掌握的社会财富越多。说得刻薄些，朋友成了财富之源。

当然，从某些企业公司图发达的公关角度来说，这样的做法并不为过。可是在挚友之间，在一颗纯美的心与另一颗纯美的心为着一片纯美的精神境界而碰撞之时，就不能没有任何公关的阴影。

心之琴瑟，友谊大乐，不可掺杂任何浊气。浊气生，则音走神伤。

在我的办公桌里，排列着半抽屉名片。不知为什么，面对这多得吓人的名片，我却经常有种置身荒漠的空落感。我问自己，你到底想要什么呢？

这么多名片，没有一张是彦弟的。而且我也从未给彦弟寄过我的名片。

彦弟远居于千里烟波之外的 G 市。他从小在椰风蕉雨的山区长大，称自己为山林文化的传人。而我是属于都市文化的一群。两种文化，相距远矣，维系着我们神交的，恰是文化上的互补——对各自文章的评点、读书之后的交谈、各种人生难题的探索，等等。这里面没有任何官位、头衔的计算，也没有任何利益、虚荣的纠葛。双方心态都恢复到了人类最初的本真。

彦弟曾这样论说过我："你还有东西需要克服，比如意和象的水乳交融。这个克服相当严峻、痛苦，需要把审美注意集中在平凡日常做深一层的思考，而后熔铸出你的语言来。审美注意经常所及的地方熠熠生辉，注意得不够的地方就有所逊色，这不是语言问题，而是对生活的修炼问题。"

这些评点，时时给了我一种高品位的美学享受，化作一股强大的精神力量，支撑着我应付变幻莫测的社会人生。有时，当我感到活得累极了，想躺倒的时候，会不由自主地用彦弟的话来激励自己。一想到彦弟希望我义无反顾地朝前走，我便抖擞起精神走下去。

从未谋过面的彦弟，何以这么强大呢？我也曾无数遍地思索这个问题。

在我们每个人身边，谁没有几十个朋友呢？鸟需巢，蛛需网，人需友情。就算你有温存体贴的爱人，也还是少不了声息相通的朋友。

可是人为什么还寂寞呢？人海茫茫，潮涨潮落，孤独者多如岸边的沙粒。尽管人们白天东奔西跑，参加各种活动，结交各路人杰，生活得不能不说热热闹闹。一旦从闹中转入静，便顿觉失落，备尝缺少知音之苦。

这是否也算是一种人生无奈的悲哀呢？即使是最优秀的人，也不会拥有很多挚友。挚友者，知己也。鲁迅先生曾有言："天下得一知己足矣。"

于是，我就思索，究竟朋友多些好，还是少些好？"多个朋友多条路"，似乎有理得很。可是，当我处在静默之中，我倒更希望朋友少些。梅特林克有句名言："我们相知不深，因为我不曾与你同在寂静之中。"德谟克利特也曾说过："单单一个有智慧的人的友谊，要比所有愚蠢的人的友谊还更有价值。"

寂静有时能产生智慧。两个寂静的人，能够产生加倍的智慧。

因此，我要说，当你拥有一个无话不谈的挚友，他就是你世界中的太阳。

彦弟跟我要过照片，我没给。我也从不曾索要过彦弟的照片。在一封信里，我还对他说："你远在偏远的 G 市，也许我们此生此世根本不能谋面。这样也好，留在我们各自印象中的，总是理想化了的纯美的对方。"

世事就是这样，有些事必须永远蒙着一层面纱，不能尽皆揭开。贸然揭开了，失却了理想中的神秘色彩，则会失去魅力的。

我承认，彦弟也承认，我们彼此心目中的对方，都是在带有感情色彩的审美上，予以艺术的加工和重塑了。这其实已经不是本来面目的我们个人，但这又有什么关系呢？

能常常地把崇高的情绪传达给对方，于不经意之间互相激励着，使双方都变得更高尚和美好，这不是乐莫乐兮的一件幸事吗？

当寂寞的世界上太缺少友谊之时，我和彦弟彼此在心中葆有这份慰藉，可谓人生的至高境界。

念及此，我真的不敢设想与彦弟见面的情形。我是怕——怕他眼中的我跟他的美好想象全然不同，也怕我看到的他根本不符合我的认可——因而败坏了我们内心深处的殷殷友情。

俗世意义上的交往，已无力承起我们之间这份海一样深的挚情了！

彦弟到底年轻我几岁，在这人生的微妙处，阅历浅了一些。他想象过我的模样、声音、气质、性格，我却从未想象过我的彦弟是什么样子。我宁愿什么都不想，只永远地保留着遥远山林中的那个模模糊糊的身影。

我想我是对的。美应该是亦真亦幻的云霓流彩，不应该是一幅定格的照片。照片太精确了。即使是精确到极致的美，也失却了美的神韵。

如同大千世界既有鸟语花香，又有雨骤风狂一样，人生羁旅之中，也不总是鲜花美酒。

有时，交友莫若不交。

你想，你的一颗心与另外一颗终于交合了，激荡地跳在一起。可惜还未等你尝尽其中的无限欢乐，你们就分开了。

这一种打击，比起从不曾体味到友情的欢乐，更令人不堪。因为它已彻底打破了你内心的平衡，使你于乌云散处，看到了一方蓝天，可倏忽间，乌云又遮蔽了天宇。

既然你已看到纯净明丽的苍穹确实存在着，便会为这方神圣的蓝天永远苦苦追寻。

彦弟来信称，他做过一个噩梦：梦见我到了 G 市竟然没有通知他。后来我们匆匆相见，只说了几句无关紧要的话。

心之所梦，魂之所系。

在漫漫长夜里，我的心有时也会被一阵突如其来的虩虩之感所攫住——担心失去彦弟。

无论是我欢乐地大声唱歌还是悲哀地沉沉哭泣之时，无论是在静中还是闹中，无论是在朝前走还是想躺倒的状态下，我的心都无时无刻不在与彦弟相交流。

因为得之益难，所以求之弥珍。我已不能没有彦弟。

我和彦弟之间还未有过任何裂隙。一位兄长曾对我说："误会和风波有时会得出好的结果，完成漫长时日才可完成的东西。"我明白这话中蕴含的深刻道理，但这当然只限于经常接触在一起的朋友。像我和彦弟，远隔关山千重，还是不要产生这种难以名状的人生蹉跎吧。

我倒更愿意为彦弟做点什么事。有时，我竟痴想：若彦弟患了什么难，第一个去帮助他的，一定是我。

朋友是另一个自己。

有好消息传来：彦弟的《小园》荣膺了该省的最高文学奖——"十年优秀散文奖"。

我高兴得无以复加。我也曾得过几次文学奖，但从未有一次像《小园》获奖这样引起我的激动和兴奋。为什么？我不知道。

——其实，我亦知道。

此刻，远在天边上一样的彦弟，你在干什么呢？你能否想到姐姐正在为你写这篇小文？

不，这不仅仅是为你一个人写的，而是带着我美好的祝愿，写给普天下所有纯洁高尚、重义忘利的朋友们的。

我愿人世再多几分真情。

我愿人们变得更加真诚。

精彩
—赏析—

本文用"悠悠心会"来形容作者与彦弟一份长达五年的特殊情缘，五年来，他们从未见面，只通过书信往来，这份友谊并没有因此而褪色，反而历久弥坚。作者因为一篇散文注意到了彦弟这位青年作家，从最初客气的回信到沟通越来越频繁，从文学到人生再到大千世界，他们坦诚地分享着彼此的思想与情感，这份友谊不带有任何功利的意味，他们尽管从未谋面，却达到了精神上的共鸣，在彼此心目中都占据重要的位置，缓解了他们在茫茫人海中的孤独寂寞。人生在世，能够拥有这样的友谊，是十分难得的。

伟大的文学和伟大的数学（节选）

❀ 心灵寄语

> 　　文学中蕴含着数学之美，而数学中也蕴含着艺术与情感。文学属于感性，而数学属于理性，感性与理性都是人类思维不可分割的部分，二者的结合体现了人类伟大的创造力。

1

　　我对数学，至今保持着童真般的好奇。

　　先说 2013 年的某一日，我们几位同人正在办公室午休。我忽然想起网上见到的颇为神奇的一道题，就展示给小伙伴们。

　　题曰：

　　　　你的年龄与你的手机号存在着神秘关系，用你手机号的最后一位数字乘以 2，加上 5，再乘以 50，把得到的数加上 1763，再减去你出生年的数字，便有一组三位数的数字展现在你眼前（不够三位数的前面两位用 0 代替），其第一位数字是你手机号的最后一位，接下来就是你的实际年龄。

（注：1763 这个数字是对应 2013 年而言，2013 年以前的每一年依次减 1，以后的每一年依次加 1，比如 2012 年是 1762，2014 年是 1764，2020 年是 1770，2022 年是 1772。）

于是众人都演算起来。说来还真是神了，果然纷纷中招，确实都是那两个诡异的数字！于是，我们都觉得不可思议，简直理不出头绪，实难悟出其中的奥妙！

然而就在此时，奇迹出现了：毕业于北师大中文系的女硕士小悦，拿着一张草稿纸来到我面前。仔细一看，我不禁倒吸一口凉气，瞬间就被镇住了——原来，她竟然把这道题用数学方程式推演出来了！

这一下子勾起了我的数学崇拜。

2

我只上到小学五年级就失学了。后来我在工厂做青工时，自学了初中的代数方程式、因式分解等，并在高考时拿到了关键的几十分。以后虽然一辈子几乎都在从事新闻和文学工作，但我一直保持对数学的好奇心，对自己不懂、不会的数学题和智力测验题，总是拦不住满腔的不甘。

数学真的是美丽的，同时又充满了魅惑力。比如国际数学节那天，我收到了下面这四组题图：

（1）

$$1 \times 8 + 1 = 9$$

$$12 \times 8 + 2 = 98$$

$$123 \times 8+3=987$$

$$1234 \times 8+4=9876$$

$$12345 \times 8+5=98765$$

$$123456 \times 8+6=987654$$

$$1234567 \times 8+7=9876543$$

$$12345678 \times 8+8=98765432$$

$$123456789 \times 8+9=987654321$$

（2）

$$1 \times 9+2=11$$

$$12 \times 9+3=111$$

$$123 \times 9+4=1111$$

$$1234 \times 9+5=11111$$

$$12345 \times 9+6=111111$$

$$123456 \times 9+7=1111111$$

$$1234567 \times 9+8=11111111$$

$$12345678 \times 9+9=111111111$$

$$123456789 \times 9+10=1111111111$$

（3）

$$9 \times 9+7=88$$

$$98 \times 9+6=888$$

$$987 \times 9+5=8888$$

$$9876 \times 9+4=88888$$

$$98765 \times 9+3=888888$$

$$987654 \times 9 + 2 = 8888888$$

$$9876543 \times 9 + 1 = 88888888$$

$$98765432 \times 9 + 0 = 888888888$$

（4）

$$1 \times 1 = 1$$

$$11 \times 11 = 121$$

$$111 \times 111 = 12321$$

$$1111 \times 1111 = 1234321$$

$$11111 \times 11111 = 123454321$$

$$111111 \times 111111 = 12345654321$$

$$1111111 \times 1111111 = 1234567654321$$

$$11111111 \times 11111111 = 123456787654321$$

$$111111111 \times 111111111 = 12345678987654321$$

天哪，看它们排列得这么漂亮，有气势，甚至可以说震撼人心，谁能够不动心呢？不由得让我一下子产生了一连串联想。

3

联想一：这是数学还是金字塔啊？

一位去看过埃及胡夫金字塔的朋友，恰好是一位数学家，从他的讲述中，我津津有味地听到说，这座埃及最高大的金字塔与数学之间，有着极复杂、极神秘、极不可思议的关系，至今为现代人所解不开，思不透。

结论：数学是科学的先导。

联想二：这是数学还是排兵布阵啊？

中国古代"十大阵法图"的名称，就全部关涉数字：一字长蛇阵，二龙出水阵，天地三才阵，四门兜底阵，五虎群羊阵，六丁六甲阵，七星北斗阵，八门金锁阵，九字连环阵，十面埋伏阵。这些阵在纸面上排列起来是数字，当年在地面上的实战中，是一个个士兵组成的队形，不是为了阵仗漂亮，而是可以使单兵作战的士兵前后照应，这样不仅能较好地御敌，还能使拳头打出去更有力量。

结论：数学亦是克敌制胜的有力武器。

联想三：这是数学还是绘画（雕塑、建筑）啊？

绘画虽然是由点、线、色块组成的，但我们都知道，在色块里面，也有伟大的数学作支撑。20 世纪 70 年代我在工厂做青工时，有幸听到数学大师华罗庚先生的一个讲座——"黄金分割法"，即 0.618 的分割线。比如舞台上的报幕员一般都不是站在舞台正中央，而是偏在台上一侧，这个站位最美观、声音传播得最好的点，就是 0.618 的黄金点。华先生还举了很多例子，说在科学实验中使用 0.618 优选法，就能以较少的试验次数取得成功。就连植物界也自然而然地"采用"了"黄金分割法"，不信你们去看树枝和树叶，可以看到它们是按照黄金分割的规律排列的……

不仅如此，只要举目四望，我们眼见的太多建筑，也都运用了"黄金分割法"，比如上面说到的胡夫金字塔，还有巴黎埃菲尔铁塔，上海东方明珠塔等。

结论：数学既追求真理，也追求美。

联想四：这是数学还是交响乐啊？

在所有的音乐中，我最喜欢的是欧洲古典主义交响乐。不说贝多芬、肖邦、维瓦尔第、大小施特劳斯等大师们的伟大乐曲，单是交响乐队气势辉煌的演出阵势，就能把人迷倒。交响乐队一般由60至90人组成，也有百人以上的。乐器的数量和种类不一定严格统一，有时减少某一组乐器中的个别乐器数量，有时又加用少见的个别乐器，如钢琴或管风琴等。大、小交响乐队的分野亦是由数字决定的，一个大交响乐队必须有三个长号和一至两个大号，如果只有一个长号，即使别的乐器再多，也只能算是小交响乐队。

假如在纸上看交响乐队的平面图，会发现，它跟很多数学题型的排列非常相像——我猜它们的滥觞就是由此吧？

结论：数学具有仪式范儿之大美。

联想五：这是数学还是舞台艺术（行为艺术）啊？

舞台艺术，尤其是大型歌舞、大合唱、大型团体操表演，更离不开数字的排列组合、数字的分分解解、数字的无穷变换了。这些表演的队形以长方形居多，也有正方形、矩形、圆形、半圆形，有时还有跟上面四组题图一样的梯形。这种种在舞台上呈现出多姿多彩的美丽场面，它们的"龙骨"就是美丽的数学。

结论：数学是艺术的骨架。

联想六：这是数学还是诗歌（文学）啊？

那些由阿拉伯数字组成的题图，一眼扫过去，多么像一首首诗，尤其像宋词。感谢柳永的开创性写作，打破了小词小令的狭小格局，把"宏大叙事"引入词的创作中，运用长短句相结合组成了《雨霖铃》《望海潮》《八声甘州》等有节奏的结构方式，起伏，跌宕，闪挪，腾飞……循环往复，从起点出发，摆向终点，又恣意停泊在任何一个节点上，做心绪与灵魂的整修和省思。神奇的是，柳永还有意在词作中加入了一些数字，果然就收到了非常感性的、鲜灵灵的效果，比如其代表作《望海潮》，其中的"十万人家"，瞬间就铺开了昔日钱塘（今杭州）的大都会气势；"三秋桂子，十里荷花"，画面感顿出，使绿树红花摇曳眼前，美不胜收。

更著名的例子是杜甫的《绝句》："两个黄鹂鸣翠柳，一行白鹭上青天。窗含西岭千秋雪，门泊东吴万里船。"四句诗，句句都有数字嵌在里面，其灵动的悦然感和博大的时空感使一切都包含在内。何况这首绝句只有28个字，恕我孤陋，不知世上还有哪种文字能做到这么精绝？

抒情诗则从形式上更接近于美丽的数学图形，无论古今，不分中外。让我们不妨大胆想象一下，全世界第一位写下抒情诗（包括史诗）的作者，也许他是一位盲人歌者，也许他是一位氏族首领，也许他是一位牧羊人，当他活得欣喜、高兴、亢奋，抑或悲伤、难过、痛苦，实在抑制不住满腔的汹涌情感，非要吟唱出来时，他是否从结绳计算的排列中得到了启示？是否从他的羊群队列中得到了启示？是否从雨后彩虹的图形中得到了启示？数学和诗歌（文学）都是人类的高级精神活动，都是人类发现世界、认识世界、创造世界文明的工具。如果说一首诗歌的情感支点是一道绚丽的飞天彩虹，那么上面那道题图的排列，12345678987654321，不也是一道雨霁初晴后挂在蓝天上的抛物线吗？难怪有人说，"文学和艺术的极致是宗教，数学和物理的极致是哲学"。这分明是说，形而上与形而下合二为一，成为一个世界。这也让我联想到最能体现中国文化精神的那个标识（黑鱼与白鱼合而为一）。

结论：数学和文学都是那个"一"。

4

正如今天的所谓文学体裁——小说、诗歌、散文、报告文学、戏剧、评论、理论……都是人为的主观划分，其实在形而上世界，它们并不分派，也无门庭，而是自由自在的混沌的一团。所有这些分野，都是人类为了方便自身的操作而建造起来的一座座小房子，它们不代表本质，也并非事物的本质。

不是这么安排的。我揣测，老天的本意是让我们都做达·芬奇那样的人。这位欧洲文艺复兴时期的巨擘，一人身兼着科学家、发明家、画家、雕刻家、军事工程师、建筑师、生物解剖学家、物理学家、数学家……在他那里，科学与艺术之间，数学与绘画之间，就好似日月经天、晨夕雨露一样衔接交融，共生共荣。他留给人类的瑰宝，可不只是《蒙娜丽莎》《最后的晚餐》，还有菱方八面体绘图、人体和动物骨骼图形、人类史上第一个机器人、直升机设计图、单一跨距达 240 米的桥梁草图、连续自动变速箱草图、潜水艇、机关枪、坦克、子母弹、降落伞、潜水装、机械计算机的齿轮装置……

本杰明·富兰克林是美国开国元勋之一，是美国 18 世纪最负盛名的政治家、科学家、音乐家、出版商、印刷商、记者、作家、外交家、发明家、慈善家，曾出任美国驻法国大使、美国第一任邮政局长，被选为英国皇家学会院士，他是全世界最早提出"电荷守恒定律"的人，发明了避雷针、双焦点眼镜、蛙鞋……富兰克林也不是一般人啊！

在咱们中国，也有很多位这种全才型的大师，比如，南朝的祖冲之，首次把圆周率准确推算到小数点后 6 位，比欧洲早了 1000

多年，还造出指南车、千里船，还制成《大明历》。北宋的沈括，在天文、数学、医药、生物、物理学等多门学科中都成就卓越，还有《梦溪笔谈》等40多种著作。元朝的郭守敬，一身而为天文学家、数学家、水利学家，他编制的《授时历》通行360多年，是当时世上最先进的历法。明朝的徐光启，是中国向西方学习科学的先驱，不仅自己著述《农政全书》，还有译著《几何原本》。

……

这些如雷贯耳的大师，也都早早就出现在我们的小学课本里。不，应该说永远镌刻在世界文明史的丰碑上！

或曰：他们也都不是一般人，我们可做不来呀！

然而且慢，这可不能成为我们的借口。芸芸众生虽然平凡，但也必须在各自的人生之路上，夙兴夜寐，筚路蓝缕，鞠躬尽瘁，百折不挠，尽量活出自己的精彩、做出属于自己的一点点贡献来。

曾看过数学大师丘成桐先生的一篇讲演，他是这样说的："数学之为学，有其独特之处，它本身是寻求自然界真相的一门科学。但数学家也如文学家般天马行空，凭爱好而创作。故此，数学可说是人文科学和自然科学的桥梁。"

他还说到他自己的工作经验："广义相对论提出了场方程，它的几何结构成为几何学家梦寐以求的对象，因为它能赋予空间一个调和而完美的结构。我研究这种几何结构垂30年，时而迷惘，时而兴奋，自觉同《诗经》《楚辞》的作者和晋朝的陶渊明一样，与大自然混为一体，自得其趣。"

丘大师的话多么令人惊讶，真让我们难以想象！单凭这一篇讲演，他就可以说是文理兼优的典范。还有一个更兜底的例子，我曾亲见吴冠中、李政道两位先生做了一个小游戏：李请吴画出他心目中对高能物理世界的畅想，李则写了一篇对吴画作的"理工男"解读。结果皆大欢喜，对世界全方位的认知与理解，深奥的物理学与神秘的艺术学浑然天成。吴冠中先生兴奋得像小孩子，把那幅满天星的画作制成大幅印刷品，赠给理解他和不太理解他的大小朋友们……

5

然而，呼啸奔腾的时代列车一直没有停下，自从20世纪90年代进入互联网时代以后，世界加快前行的脚步；甚至更以十倍、百倍、千万倍的热情和野心，加速、再加速地推动自己驰骋、奔驰、腾飞！短短二十余年，放眼地球上的大部分区域，已全面进入了数字化世界！

数字已经改变了一切。即使再不喜欢数学的胡适、陈寅恪、季羡林们，也必须皱着眉头，拿着自己的身份证、老年卡、医保卡、社保卡、银行卡……一遍又一遍地、不厌其烦地侍候着这些"小霸主"，它们脸面上的那一组组数字，即作为社会人的生物属性、物理属性、文化属性、社会属性……乃至身份、职业、级别、地位、财产、身家性命。谁也逃不过数字的魔爪。甚至，包括被文化人认作比生命还重要的文史哲经典，它们统统已通过数字化方式，在这个世界上取得了新的、恒久的生命形态。

今天，电脑之后是智能手机了，写作甚至可以不通过文字，直接对着手机的录音功能说话就是。不过这还是主体性写作，作品还属于个体的创造性思维活动。令人惊骇的是，软件工程师们竟然还发明了写作软件，只要输入几个词（名词，动词，形容词），哪怕它们毫无句子和意义上的关联，计算机都会在比人脑快得多的时间内写作出一首诗、一篇散文和小说。我在报纸上读到过这种作品，说实在的，文笔还不错呢，有些词汇用得相当漂亮，逻辑和结构上也无大毛病，若不告诉你底细，还真看不出是电脑的作品。

那么，电脑会取代人脑吗？

文学终将会被数字吞并吗？

不会！我认为绝对不会！伟大的文学与伟大的数学是双雄并峙的两座高峰，数字可以将文字技术化，但永远不可能取代文字，因为伟大的文学首先需要的是思想，而思想的诞生必须在人生的经历、心怀、胸襟、境界、视野等丰厚土壤滋养下才能破土而出，茁壮成长。好比我最推崇的千古第一至文《岳阳楼记》，虽然前面写景部分的语言丽朗俊逸，超凡脱俗，比如"衔远山，吞长江，浩浩汤汤，横无际涯"，又如"至若春和景明，波澜不惊，上下天光，一碧万顷"……这些句子皆大美，但也许除了范仲淹，别的文章大家也能写出来（从理论上推算，计算机也存在着可能性）；但"先天下"的伟大思想，只属于襟怀里装着天下苍生的范公，即使再过一千年，也绝对是任何技术性写作"创作"不出来的——世间只有一座珠穆朗玛峰，你想用计算机去 3D 打印，谁也知道，这可绝对造不出来！

6

然而数字不服气！迄今为止，在它面前还未有打不败的对手。还记得柯洁大师的豪言吧，2016 年 6 月，人工智能"阿尔法狗"以 4∶1 战胜了韩国顶尖棋手李世石，观赛后，中国冠军柯洁自信心满满地放言："即使阿尔法狗赢了李世石，也赢不了我。"可惜不到一年时间，2017 年 5 月，柯洁便以 0∶3 的战绩败下阵来，失态地在计算机冷面狗面前放声大哭。

2020 年 5 月初，德国科学家（其实是以中国青年科学家潘辰琛为主要研究者的 A.E 教授团队）突然对外宣布，他们成功开发了一种新型算法 DeepMACT，使人类终于首次看清楚了全身所有癌症转移灶，包括每一单个癌细胞转移灶。它的意义在于，或许在不久的未来，人类将迎来历史性的突破——攻克癌症！

不仅如此，科学家们还借助计算机，相继攻克了细胞学、基因学等等领域的一系列技术难关，比如人造心脏、人造血液都已研制成功。更惊人的是，美国科技狂人马斯克又爆出一个大料，他的团队正在研发脑部芯片移植，期望能够实现人脑的远程遥控，这也就是说，将来有可能在人一觉醒来时，狂喜地发现自己已经掌握了好几门外语！数学水准也一下子从小学飞升到博士后！

2020 年 5 月 4 日，我与天津散文家谢大光兄通电话，讨论文学与数学问题，双方都觉得甚为有趣：

谢："是的，大体可以说，世界是由数学组成的。你看我们的衣食住行，包括你每天穿几件衣服，吃几碗饭，都离不开数学。"

我："物质世界如此，那么精神世界呢？"

谢："精神世界也一样，包括内心、情绪、情感……就拿你来说，你一辈子与作者相处，一次两次，七次八次，有的就处成了朋友。然而，是不是接触的次数越多就越好呢？显然又不是。"

我："对的，朋友不能天天腻在一起，作家尤其是，文人易散不易聚。梅特林克也说过：'我们相知不深，因为我不曾与你同在寂静之中。'相反，有些时候，几年都没联系的朋友，拿起手机一说话，却像昨晚才分手一样。"

谢："多与少，从数学问题变成哲学问题，归根结底又变成文学问题。有时候你看着很高妙的一组数字，觉得头大，但谜底一揭开，原来是很简单的答案。文、史、哲同理。"

我："所以，世界虽然是由数学组成的，但我认为，数字化世界的许多奇思妙想，来源于文学的，来源于文学想象。比如机器人、飞行器等很多科学物件的发明，是受到了《山海经》《西游记》《海底两万里》《哈利·波特》……的启示呀。"

谢："嗯嗯嗯，有意思。我认为，数学（代表它背后的物理、化学等一切自然科学学科）是客观世界的客观存在，人类的任务是去不断地研究和发现它们；文学（包括历史、哲学等一切文科）是由人创造的，没有人就没有文学，所以才说文学是人学。我同意你的说法，也许确实可以说文学是数学的源泉？至少，文学可说是点睛需要点的那最后一笔。"

大光兄的这个观点真是太妙了，我认为非常恰当，智慧，切中肯綮。大光兄也被自己的思考点燃起来了。我俩都进入了兴奋状态，约定各自回去，再继续思考，再提问，再追索。

事也凑巧，当晚，吴周文老师也从扬州大学发来信息，提出他的见解："世界是数字构成的。自从人类发明'信息高速公路'之后，人类才真正把握了这个由数字奇妙结构起来的世界。然而归根结底，文学是灵魂。"

吴老师也是中文系出身，哈，我们三个文科生，对数学与文学的认识略同。当然，我们仨说的也许都不准确，或者干脆都是不严谨的外行话。不过这有什么呢？科学和文学都需要探索，即使我们只是提出了浅陋的疑问，也是好的哦，因为可以引起大家的关注和思考，促成同人的共同提升。

"天地玄黄，宇宙洪荒。日月盈昃，辰宿列张……"在往文学泰山奋力攀登的一路上，不时回首仰望数学华山之巅。

伟大的文学！伟大的数学！

精彩 赏析

作者由几道有趣的数学题，展开了一系列的联想：建筑、军事、绘画、音乐、文学……人类文明的一切伟大创造中，都蕴含着数学规律与数学之美。古往今来有卓越成就的人，他们对知识的追求往往不限于文科、理科、艺术的分野。作为普通人，我们也需要努力学习各科知识，争做全才。如今人类已进入数字化时代，计算机技术不仅为人类带来更加便利的生活，解决了很多难以攻克的难题，甚至还能进行文字创作。数字构成了这个奇妙的客观世界，但文学构建了人类的精神世界，它们都同样伟大。本文对人类文明各领域旁征博引的探讨，体现了作者丰富的知识储备和触类旁通的能力。

———————

书之门

💐**心灵寄语**

> 门无处不在，一道道门将人们带向不同的境地。书籍这扇门，将人们带到更文明、更美好的世界。

门无处不在，我们哪一天能够离开门呢？单位的门、学校的门、商场的门、公园的门、图书馆的门、运动场的门、宿舍的大门、住宅楼的单元门、自家的门，还有自己居室的门……构成了我们每天的行为内容甚至行为方式，进而贯穿着我们的生命始终。门是我们生活的通道，不管这生活是幸福的，还是不太幸福的，乃至于根本不幸福的。

此外，别忘了还有精神之门——哲学的、文学的、历史的、宗教的、心理学的、社会学的、医学的、法学的、伦理学的，等等。

我的理解是，人类发明了门，不单单是给自己建造了一个栖身的空间，找到了一种安全感，我们还企望它能带来更多。比如快乐、幸福、宁静、安然、满足、收获、友情、亲情、爱情、高尚、动人、美丽、创新、进步、天天向上……总之是所有存在的一切美好，以及所能想象到的一切美好。

说到此处，还不够，门的外延还可以扩大——对于爱阅读的人来说，书也是一扇门。

打开一本书，也是打开了一扇门。一本好书的门内，显现的是晴天朗日、清风白云、湖光山色、绿树红花、躬耕的老牛、雪白的山羊、奔跑的骏马、自由的虎豹、冲天的雄鹰、欢快的杜鹃、恩爱的鸳鸯、报捷的喜鹊，以及亲善的人。书的门里自有一切的一切：知识、力量、光明、希望、慰藉、鼓励、动力、鞭策……应有尽有，无际无涯，取之不尽，读之不完，生生世世，相伴永远！我们一生中需要不停地做一件事，那就是读书。

"人类的全部生活都依次在书本中留下印记。种族、人群、国家消逝了，书却依然存在。"（赫尔岑）

"书中横卧着整个过去的灵魂。"（卡莱尔）

"书籍使我们成为以往各个时代的精神生活的继承者。"（钦宁格）

"书是我们时代的生命。"（别林斯基）

"每一本书是一级小阶梯，我每爬上一级，就更脱离牲畜而上升到人类。"（高尔基）

这些伟人的话，千古万年地留在了书的大门上。

最后，还要赘上我的愿望：

我本来还算不上一个合格的读书人，出于心情的缘故，也忍不住拿起了笔，终于走进了文学的大门。跌跌撞撞到现在，竟也忝列作家队伍，竟也出版了30多部书。我当然知道，对于博大得无边无际、丰富得无限无垠的存在来说，它们只是一丝轻风，一个雨滴，一粒微尘。但微不足道的我，也衷心期盼着，凡推开吾书之门的读者，进门之后，能够眼睛一亮，确认自己是来到了一个清凉的福地，欢喜自己没有进错门，甚而愿意驻足留下来。在这里，最高的法典是"真善美",最真的信仰是"天下为公",最大的动力是"推动人类的进步"。

精彩 赏析

　　作者向我们揭示了门这样一个日常生活中最常见的事物所具有的非凡意义,无论是在现实生活中,还是在精神文明的领域,门都无处不在,为人们带来无限可能。书籍也是一扇门,门内蕴藏着一个无比广大而又辉煌灿烂的世界,书为人类提供了源源不断的精神食粮,推动着人类的进步。作者爱读书并且写过书,尽管这些书在人类历史长河中微不足道,但也希望能够为人们提供一个蕴含着"真善美"的福地。

———————

书是最可靠的阶梯

🌷 心灵寄语

书籍，不仅为人们带来心灵的慰藉，更是知识的传播途径。坚持读书和学习，我们就会迎来更加广阔的世界。

中国古话："人往高处走，水往低处流。"

人怎么往高处走呢？

读书。

高尔基说过："每一本书是一级小阶梯，我每爬上一级，就更脱离牲畜而上升到人类。"

上 篇

一个夏日，我在王府井等车。忽然有一位中年妇女走近我，大声叫道："哎呀韩小蕙，你还认识我吗？"

我仔细端详，但见她穿着一件大背心，一条褪了色的七分裤，头发随便地别在脑后，一副劳动妇女的模样。我抱歉地说："您是哪位，我怎么有点儿想不起来了？"

她又叫起来："哎呀我是电子管厂的小王呀……"

噢，我突然想起来了，这是我当年一起做工的小同伴，她比我还晚一年进厂，比我小一岁。当年我初中没毕业就进了工厂，做了八年工，直到恢复高考制度，才突然捡了个大元宝，重新进了大学校门。

她见我认出来了，非常兴奋，也不顾周围的行人，扯开嗓门说："你还当记者哪？我呀，都退休好几年了，现在西客站帮人看烟摊哪，混呗。咱们那拨小青工呀，都和我一样，早退休啦，小李在北海看自行车，小杨在饭店当清洁工，小崔支了一个修自行车的摊儿，小沈在家看孙子，要说还就数小邢混得好，在使馆区打扫卫生，拿钱不少……"

临分手时，她热情地对我说："你要是买烟就来找我，我就在第 × 候车室旁边……"

望着她的背影消失在滚滚人流当中，我感慨万千！一下午都有点恍恍惚惚的，二十多年前的往事，一幕一幕地在眼前滚过——

1970 年 6 月，天气刚刚见热，突然传来消息，说由于连年上山下乡，北京市严重缺乏劳动力，所以要提前把一半应届初中生送到工厂。没过几天，我就真的被分配到北京电子管厂了，那时我刚过完十六岁生日。我很兴奋，因为虽然说是在上初中，可是净挖防空洞、下农村劳动了，文化课几乎就没上，连课本都没有。再说，高中还没恢复，继续上学无望，不如早点儿"参加革命"吧。

6 月 28 日一大早，我 6 点半就出家门了。赶到我们厂一看，嗬，可真是现代化的大军工厂，真气派呀！高大的厂房一字排开，里面的工人师傅都穿着白大褂干活，涂着各种颜色的气体管道像彩虹一样纵横交错，循环水柱把万颗珍珠洒向天空……我们数百个小青工一起欢呼起来！

不过进厂的第三天，我就褪了激情，沮丧不已——我发现自己原来什么都不懂，只能在流水线上从事最简单的劳动。就这么"文盲"地混一辈子，到四十岁退休？

不行！我四处搜罗了几本书，开始自学。

起点太低了，自学开始得杂乱无章。没有人指导，当时父母都在干校，哥哥姐姐都上山下乡了，家里就剩下我一个。车间里的工程师们有学问，但惧怕担上"腐蚀青年"的罪名，问十答一，顾左右而言他。我懵懵懂懂的，东一笊篱西一勺地找书、抓书、借书，每天下班师傅们走后，就独自面对着一大桌子书，啃。

当时我读的书，计有：《共产党宣言》《路德维希·费尔巴哈和德国古典哲学的终结》《政治经济学教科书》（苏联版）、《毛泽东选集》《初中数学》《化学元素周期表》《海涅诗选》《普希金选集》等。后来，又找来了《高中数学》、巴尔扎克小说、《简·爱》《金蔷薇》《土地》……反正乱七八糟，能找到什么是什么，不论懂不懂，硬啃，囫囵吞枣往下咽。

还特别刻苦，困了累了，抹几把凉水。还学着运用科学的学习方法，前两个小时学政治，再两个小时做数学，等精神不济了就读小说。如果有事耽误了，第二天就要补上。遗憾的是，从此，时间就变成了一匹奔马，老是一阵风就疾驶过去了，拽都拽不住。

我们实验室的师傅都是女的，都挺善良的，不断有人问我学这些干吗呀？是不是不甘心当一辈子工人，要改变自己？

倒真没想那么多。之所以这么头悬梁，锥刺股，只不过是不想瞎混一辈子。何况，书中虽没有黄金屋，但书里有一只勾魂的手，越读越觉得自己可怜，越读越放不下，心心念念！

记得有一次来了一个实习生，从北大附中拿来100道因式分解题，悄悄告诉我，这些题，可权威了，也可难了。我们俩就偷偷做起来。果然奇难，开始时两天也解不开一道，把我们绕得脸都绿了。然而一旦做出来了，那个兴奋啊，恨不得蹦上天去摘云彩。后来，一道道越做越快，100题最终被我们全部攻下，为了庆贺，我们决定再做一遍……

那可真是开心啊——学习的快乐，是最提升人的一种快乐。青年高尔基当水手时，别人都在酗酒、骂人、说下流话，他却在低下肮脏的环境中读书，并由衷地感慨地说："书籍使我变成了一个幸福的人，使我的生活变成轻快而舒适的诗，好像新生活的钟声在我的生活中鸣响了。"我觉得自己的情形与这十分相似，当别的小青工们打牌、织毛衣、谈恋爱时，我孤独而充满喜悦地读着书，从内心体会到了高尔基的幸福感。

漫长的八年，从十六岁到二十四岁，我一天都没有松懈地学习，而且还开始了文学创作。虽然并没有什么明确的目标，学习方法也是幼稚的、愚笨的，但熊熊的知识之火照耀着黑暗的地平线，给我以力量和信心。最终，迎来了化雪破冰的春天，1978年经过第二次考试，我考上了南开大学中文系！

下　篇

2004年，我获得了第六届"韬奋新闻奖"。当《青年记者》杂志的记者问我"怎样才能做一名合格的新闻人"时，我首先回答的两个字是：学习。

1982年，经过四年的寒窗苦读之后，我从南开大学毕业，分配进光明日报社。

报到的第一天，领导带我们参观。走进总编室，老编辑侃侃而谈，标题怎么做，导语怎么处理。我冒冒失失地问什么叫导语，惹来新闻系毕业生的嘲笑："都到报社来了，连什么是导语都不知道！"

确实不知道。而且，什么是五个 W，消息、特写、通讯的区别，社论、言论、短论的不同，等等，这些新闻学最基本的 ABC，我统统搞不清楚，根本没接触过嘛。于是，又一次从什么都不懂开始，又一次踏上了自学的茫茫征程。

从书店、图书馆、老同志的书柜，搬来了《新闻学概论》《编辑记者入门》《新闻写作 ABC》《版面编辑的理论与实践》以及中外优秀新闻作品集，下了夜班，吃饭睡觉之外，全部时间都埋在书堆里。后来分到文艺部当文学编辑和文化记者，为了尽快了解工作对象，我又废寝忘食地阅读现当代名家名著，以至于有一天我七岁的女儿突然跟我发脾气："我长大，绝不当编辑记者！"她是嫌我老在读书写作，不跟她玩。我的眼睛立刻湿了，可是我不能放下书，女儿呀，请你原谅我！

书，引导着我一级一级地不断攀登。渐渐地，凡是在文坛有头有脸有点声响的作家，我都能脱口说出他们的作品、特色、为人，版面水平越来越高，成为我国几大著名副刊之一，我自己也被誉为"活的当代作家词典"。

坦白说，与其他前后进报社的数百名大学生相比，我的先天条件很差，既没有靓丽的外表可滋利用，又没有灵活的心眼会察言观色，只会老实干活不会说不能道，更是智商平平才能平平。但我之所以能成长为名编名记名作家，还被南开大学正式聘为兼职教授，一切功劳皆归于——用功读书。

书籍是建立在时间里的灯塔，照亮了我们最黯淡的生活，它是一座真正的大学。今天，回顾我的人生道路，可以说命运待我不薄，但我体味到：命运并不是上天凭空赐予的，而是知识对勤奋的褒奖。只有自己努力读书学习，不断登上新的阶梯，才能驾驭命运的航船，在无垠的天宇遨游。需要说明的是，我并没有轻视工农、轻视当年那些小同伴的意思，退休以后，他们靠自己诚实的劳动，亦为稳定社会付出一份努力；可是，当年他们之中也不乏智商、天分和条件都高于我者，本来是可以为国家做出更大一些贡献的，只不过没抓住光阴努力读书，这辈子就只好"人生长恨水长东"了。

关于读书的故事，还有许多，限于篇幅，不能展开。比如那年申报高级职称未果，单位里一位老大哥谆谆教导我，没事得多出去走动，多跟评委们联络感情。我感谢他的提醒，但我真的没有那么多时间，本来一天 24 小时就恨不能变成 240 小时，有那"攻关"的工夫，又能多读几本书了。

到现在，读书依然是我每天必须的功课。随着互联网时代的不断飞速前进，随着新闻界不断拥进大批高学历、新知识、朝气蓬勃的年轻记者，我产生了越来越深刻的危机感——必须加紧努力读书，不断学习新思维、新知识、新技能，才能保持在高端潮头，不被日新月异的社会大变革落下。狄德罗说："不读书的人，思想就会停止。"

不仅如此，我还老想把这些思考，灌输给周围的人——想当年在工厂高考时，在我的带领下，有好几个根本没有信心的小青工，最终以 200 多分被扩招进走读大学，永远地改变了人生命运；今天，为了不至于被迅猛而来的新闻改革大潮所淘汰，我亦不断在力所能及的范围之内，强调着"学习！""学习！""学习！"。每次领导来征求意见，我也都要提上一条：请抓紧编辑记者们的学习培训工作。书籍不仅能改变个人的命运，更关涉着我们民族和国家繁荣昌盛的明天！

精彩
—— 赏析 ——

　　作者偶遇曾经的工友，发现大家的人生境遇早已各不相同。这让作者回想起了自己那废寝忘食的求学时代，在单调繁忙的工作之余，作者抓紧一切机会如饥似渴地学习，不仅不觉得劳累，反而乐在其中。正是这样一点一滴的积累，使作者最终考上大学，走上了更宽广的人生道路。工作以后，作者又凭着敬业的精神和强烈的求知欲，继续踏上漫漫求知路。学习可以改变人的命运，可以丰富我们的人生，更能够帮助我们立足于这个日新月异的社会。

怎能忘怀我的南开

❀ 心灵寄语

> 　　大学时代，是一段弥足珍贵的经历，抓住一切机会努力学习，汲取成长的养分，才能拥有青春无悔的人生。

1

　　清晨6时55分的时候，我贴在学校图书馆那两扇对折的大玻璃门前，带着七分庆幸、两分得意、一分紧张的心情，踮起脚尖，向后面望去——

　　只见身后，已经像商场门前等待抢购的胜景一样，黑压压站满了人。大多是背着书包的学生，男生女生都有，男生还略多于女生。也有一些是岁数更大一点儿的人，有本校的青年教师，还有的一看就知道不是本校的，而是来自社会上的自学者。人人脸上，都是一副望穿秋水、望眼欲穿、望断南飞雁的表情，眼巴巴地盯着大门，期盼着它早点儿开启。随着开馆时间的临近，人群有点儿骚动，刚才捧着书的，这会儿纷纷把书收起；刚才嘴里叽里咕噜念外语的，这会儿也闭上了嘴巴，大家都做出一副骁勇善战的士兵状，随时准备冲锋。

这是干什么？

——抢座！

2

6时59分，穿着蓝大褂工作服的图书馆值班员，终于出现在玻璃门里。只见他快步走到门前，侧转身对着我们，站定，左右打量了一下，也做出准备冲锋的姿势。然后突然一运气，说时迟，那时快，左腿弓，右脚蹬，快速猫下腰的同时，右手后出，摸到大门的插销上，猛地往上一拉，随即撒开丫子就跑，没命地逃向他的值班小屋，真好比吓破了胆的败兵。此时，我们已经顾不上他败兵不败兵，一起发一声呐喊，拔腿向六层的大阅览室冲去。我按着斜背的书包，不使它左右摇晃跑起来碍事，冲在最前面。二层、三层、四层，一直到五层，还在领跑，终于有一个强壮的男生跑过了我，先我一步冲进阅览室。

我很不服气，以0.03秒之差屈居亚军。说来那时我二十郎当岁，身体真好，一口气跑上老式大楼的六层（怎么也得顶现今新建楼的八层吧），口不喘、心不乱、腿不软，还有速度，真够健将级水平了。要是搁在今天，还不早喘成风箱里的老鼠了？所以说年轻真好，青春万岁，一寸光阴一寸金！我瞄准一个临窗的位置，流星一样"嗖"的滑过去，把书包往大桌面上一放，蹁腿坐下，三下五除二，取出书、本、笔、讲义，就"帝高阳之苗裔兮"，一头扎进楚山、楚水、楚天、楚地，跟着屈原大夫"路漫漫其修远兮"去了……

今天，当我给在校大学生讲起这些，胸中还隐隐有种莫名的激动，可他们却没什么热情地给了两个字的评价：好玩。我心里真是百感交集，既有如春天的暖湿空气吹过碧绿的河面，温煦地荡漾起缅怀、向往、留恋的涟漪，又仿佛夏日山洪倾泻过来了，平地升腾起"当年——今天——白驹过隙——光阴荏苒——人生易老——时光不再"的排浪，就泛起了丝丝缕缕的忧郁和浓浓密密的惆怅，反正，可不是一个轻轻松松的"玩"字能够了得的！

代沟呀，今天的孩子们，怎能理解我们当年的心情？！

3

那是1978年初冬，我踏进南开校园已有两个多月了，自豪感、新鲜感、陌生感等都已成为过去式，同学们都进入了卧薪尝胆、囊萤映雪、头悬梁锥刺股的苦学苦读阶段。说来，也许今后中国的历史上，再不会出现我们这奇特的"七七级"和"七八级"了，这两届应考的学生中，包括了从1966届至1978届在内的将近二十届高、初中毕业生，大学从1966年起就没有招考了，直至1976年邓小平同志决定恢复高考。

以我为例，只上到小学五年级，学校关门，失学在家，跟没娘的孩子似的，整整晃荡了两年。后来名义上虽说上了两年半初中，其实只是挖防空洞、下乡劳动和不停顿的斗私批修、写大批判稿之类，基本没学过什么文化课，所以我上大学前的学历只是小学五年级水平。在那看不到一丝光明的梦魇一般的岁月里，谁还能想到，这辈子还有机会进大学读书？

以我们班为例，全班76人，从"老高三"到应届，全有，最大的三十二岁，最小的十六岁，居然差了一半。上学前的身份嘛，有工人、农民、解放军、教师、编辑、售货员、机关干部、学生……

五花八门，应有尽有。有好几位都已成家，有了儿子、闺女。还有一位老大哥，他进大学，儿子进小学，成为名副其实的父子兵，在他的家乡和我们学校里传为美谈。以我二十四岁进大学、二十八岁毕业的大龄履历，今天多次被我女儿不解、不屑、不认同，可当时在班里，却还只能排个中等，算是蜂腰吧。

——所以，你说，我们怎能不玩命地学习、学习、学习？珍惜这梦一样美的、一生一世再也不可能有的上学读书的机会，榨干分分秒秒，争取在仅有的四年时间里，补上从小学六年级到高中三年级所缺的七年的课程，还必须以优异的成绩，完成大学四年的学业——4∶11，易乎！信乎？

——所以，那时我不分冬夏，每天清晨6点起床，略事梳洗，不吃早饭，6点20准时迈出宿舍门，有课时就到教室早读，没课时就走向图书馆，一边等待开门，一边或背古文古诗，或读英语，或看各种书报杂志。《离骚》全诗，就是我站在楼道里背下来的，今天想想简直是匪夷所思，可当时凭着一股劲儿就硬是背下来了；还有《诗经》《楚辞》《古诗十九首》《文心雕龙》《唐宋词一百首》中的某些篇目、片段等，都玩命地背了一些——这些，对于过去的读书人来说，都是四五岁就开始背诵的童子功，可我们二十多岁才开始恶补，幸哉？悲哉！

——所以，我在南开上了四年学，也就是说在天津生活了四年，毕业离开时，根本说不出天津的东西南北，搞不明白小白楼和南市之间有什么区别。我们班大部分同学也都如此，也就是上体育课时游游泳，滑滑冰，平时很少娱乐；连吃饭都是匆匆忙忙的，一进食堂尽拣短的队伍排，一门心思发奋读书，真像从精神到身体的苦行僧。

——所以，图书馆门前才会每天早上都拥满了人，要在一开门时就冲上去占座，稍晚一会儿就没地方了。这也是因为当时全社会都有苦读风气，跟今天人人都在谈赚钱、谈歌星影星明星、谈养生健美化妆术一样，当时书店门前经常排起长龙，一排就是三五里地，什么《基度山恩仇记》《茶花女》《悲惨世界》……哎呀多了，都是那时排长队买回来的。多少年没见过这种书了，一开禁，人人都兴奋得像小孩子买炮仗一样，抢着买，比着买，买回家来，全家老少个个笑逐颜开，争着读，不撒手，回想起那日子，真像天天下金雨似的，舒心，痛快！我记得清清楚楚，一套 13 卷本的《莎士比亚全集》，一共才 13 元多，是母亲抢购回来的，她进家时神采飞扬的，眉毛扬得高高的，眼睛放着光，简直就像是把大英帝国的权杖拿回来了的感觉！那时的书价是多么便宜噢，悔不当初，我怎么没把新华书店搬回家呢？

4

不过说真的，那时我们没钱，而且，差不多全国人民都没钱。老百姓们个个穷得只有窝头、咸菜、劳动布，要买一辆自行车，得全家精打细算，省吃俭用，少吃一口赚一口，攒上好几年的钱，才能梦想成真。

我还好，有八年工作挣的钱垫底，又赶上国家对"七七级"和"七八级"实行带工资上大学、连续计算工龄的特殊政策，因此，每月可以领到国家二级工的标准工资 41.71 元，又没有家庭负担，在班里，就算是富裕的了。又加上那时大家都一门心思读书，没有现在的吃喝玩乐风气，所以有钱就买书，出手时可以不必锱铢计较，有用的和喜欢的都放手去买，所以我那时还真存了不少书，像 6 卷本的《中国历代文学作品选》、6 卷本的《中国通史》、4 卷本的《中国历代诗歌选》、4 卷本的《古代汉语》、3 卷本的《中国文学史》等，毕业时运回北京好几个纸箱，一直到今天都还在使用。

当时国家还实行人民助学金制度，对家境贫寒的学生，每个月发放生活补助，共有甲、乙、丙三个等级，甲等是 22.5 元，根据每个学生家庭的平均收入评定。我是班里的生活委员，每月由我去学校领回助学金发给大家，所以，我很清楚许多同学的经济状况，实在是非常窘迫。

班里有一半以上来自农村，华北、西北一带偏多，最远的有青海、新疆、西藏的。这些同学大多是男生，每月 22.5 元的助学金，除了吃饭，买日用品、衣服、参考书以及一切零用之外，还要把每年回家探亲的路费攒出来。这就是说，他们得自己负责自己的生活，不能再去跟家里要钱了。还有更贫困的，比如 F 同学，听说他家里只有老父亲和一个妹妹，上学前主要靠他挣工分养家，现在他不能挣工分了，父亲和妹妹的生活就成了问题，他每月还要从那 22.5 元中省下一些接济家里，今天想来，简直不知他是怎么熬过来的。

1998 年我随中国文联代表团去新加坡访问，抽空到同班范瑞忠同学家去做客。瑞忠比我小六岁，来自河北农村，是一个淳朴诚实、勤奋有志的应届高中毕业生，第一次独自离家在外生存，感到很寂寞很无助，在班里就认我做了姐姐。他已落户新加坡好几年了，如今有了一份稳定的工作，有了四室两厅的房子，有了汽车，娶了爱妻，生了娇儿，日子过得富足、愉快。

我坐在他宽敞的客厅里，他兴奋地跟我叙着旧，依然是那个淳朴诚实、勤奋有志的弟弟，一点儿也没有变色。叙着叙着，他突然告诉我，四年大学生活留给他最深的印象，是挨饿："在学校时，就靠那么点儿助学金，根本不够吃，老觉得饿、饿、饿，可把我饿坏了！"我浑身一激灵，霍然变色，凄然问："当时怎么没听你说过，为什么不告诉我？"他喃喃道："哪儿好意思？……"

直到现在，想起这件事，心里还楚楚作痛，自责我枉担了姐姐的空名。可是即使这样，我们班所有的同学，男生女生，老的少的，全都悲壮地、艰难地、用功地、发奋地、玩命地读着书，没有一个打退堂鼓，没有一个吊儿郎当混日子，没有一个虚度了四年的时光。真的，眼见着，我们的水平在提高，就拿瑞忠弟弟来说，初进校时，他写的文章还很幼稚，等毕业时再看，已经老道得叫我吃惊了。现在他在新加坡，工作之余，还经常在报刊上发表文章，为此，他的爱妻在自己的娘家人面前，骄傲得像个公主。

教过我们的各科老师，都曾发自内心地评价："七七级"和"七八级"这两届学生，对于中文系来说，很可能是空前绝后的。

> 我的脚踏在梯子上最上一级，
> 每一级是一束年岁，
> 一步比一步代表更大的一束，
> 一切在下的都正常地走过去，
> 而我仍然在往上攀登。
>
> ——惠特曼：《自己之歌》

5

不管怎么说，我们也只是南开的匆匆过客，南开的主人、南开的基石、南开的精魂、南开的主宰，还是我们的老师们。

毕业十多年来，我曾几次找机会，回到魂牵梦萦的南开园，去重新感觉走进校门的快乐，重新寻觅当年的足迹，重新体味一间间教室所辐射出的吸引力，重新抚摸新开湖的滢滢碧水。最主要的，是去探望那些亲爱的老师们。

南开有着极棒、极出色的教师群体，我从他们那里终身受益，至今心心念念，有一种"一日为师，终身为父"的殷殷亲情。

初上宋玉柱老师的现代汉语课时，大家都没重视。况且，宋老师一上来就给了我们一个下马威，板着硬脸，很严厉地斥责我们班上一位逃课的男生："进大学，是叫你们读书来了，不是让你们写小说来了！不好好上课，躲在宿舍里写小说，歪风邪气！不想上课的，退学！把位置让出来，有的是人想进来呢！"

当时倒抽一口冷气：这老师可真够厉害的！心里多多少少产生了抵触情绪，因为谁上大学不是冲着作家梦来的？何况当时新时期文学又是初露端倪，写小说之风特别兴盛，像我，上大学之前就已经写了好几年，发表过两篇了，怎么舍得就此罢笔？再说，我从小学起就讨厌语法，什么"主谓宾、定状补"，多么枯燥，不懂它们怎么了，那么多作家不照样写小说？全照它的模子套，还写不出来了呢！

可是本能又告诉我，宋老师说的可能是对的。搞创作，上完大学还可以继续，眼下这课可是过了这村就没这店了，自己的基础本来就差，再不全心全力上课，一辈子都会跟不上趟。我当时心里矛盾得很，不知道怎么办好。

谁想宋老师不仅毫不客气地训我们，还苦口婆心地教，还讲究方式方法，更有高超的教学水平，没几天，也不知是怎么搞的，就把我们全班大大小小，一股脑儿全装进他的"牢笼"里，我们全成了他的"俘虏"。他讲课的时候，也不声高，也不卖弄，也不急躁，也不斥责，也不喋喋不休，也不拳打脚踢，而是不急不慢、不温不火、循循善诱、出神入化地，就把我们领进了现代汉语语法的宏伟殿堂。这时候再看"主谓宾，定状补""偏正结构""把字句"，不但不再使我们绕着脖子也弄不明白因而厌烦之、痛恨之，而是成了吸引我们钻进去探险的"仙人洞"。有一阵子，同学们特爱在一起分析汉语"玩"，有的同学还"玩"上了瘾，后来，居然就将它选择为终生职业。

于今想来，二十年都过去了，我还是没搞明白，当初宋老师到底给我们施了些什么魔法，怎么就让我们全体乖乖地心甘情愿地跟着他完成了这门功课？可以说现代汉语语法是我在南开四年里学得最好的一门课，实实在在学到了东西，吃进肚子里面去了。当我大学毕业进光明日报社以后，正赶上报社不少同志补上夜大学，他们拿来了不少语法分析难题，请我们这些来自各个大学的"七七级"和"七八级"做。有人吟哦半天做苦思冥想状，我呢，拿起来俱一挥而就迎刃而解，大大为我南开露了一次脸。我心里真怀念宋老师，后来才听说，他教我们时，正是他的家境极为艰苦的时期，经济上比谁都拮据，搞得他精神负担极重，可他还是那么尽心尽力、尽善尽美、呕心沥血，不要命地教诲我们，表现出高尚的教师人格。

中文系还有号称"四大才子"的四位古典文学老师，风格很不同，有内向深沉型的，也有翩翩才子型的。宁宗一先生是典型的文人才子，平日里但见他把腰杆一挺，头发一甩，就口若悬河地侃侃而谈，大概是我行我素惯了，有时才气外露到咄咄逼人的程度，也一点儿不惧怕外界舆论，他可能是绝不认同"夹着尾巴做人"的处世哲学的。郝世峰先生则是深不可测的一口井，高高的身躯只给人一个"高"的感觉，不傲、不急、不躁，很谦和、很沉稳、很有书卷之气，后来他果然就主政中文系，搞得很有中兴的气象。鲁德才先生倒是常能见到，听说他的学问很好，我心里面存了尊敬。还有一位大才子罗宗强先生，他原来是中文系的人，可我们上学时被调到《学报》去了，"七七级"有同学毕业论文是他指导的，非常出色，罗先生也就成了我们心目中的传奇人物。可惜这四大才子一个也没有教过我们，只能远远地仰望——那时我还是一个非常羞涩的小女生，没事的话，绝不敢主动去跟老师们瞎搭茬儿。

教我们古典文学的先生也姓郝，郝志达老师，他也是一位严师，对我们要求得一丝不苟，也没任何客气好讲。记得讲到《诗经·东山》时，一共四段，他指定我们背诵第一段和第三段，说是下节课要检查。到了下节课，说到做到，果然就检查，而且他知道我们女生老实，偏偏叫起两名男生，一人一段。这两名男生可真为我们班争气，不仅悉数背上，还朗朗上口，喜得郝先生连连点头，从此对我们班免却背书检查。我很感激郝先生的严，《东山》全篇当时都背下了，记得特别牢，20世纪90年代初我到福建省东山县去采访，回来写报告文学，就采来《东山》诗古意，并用"我徂东山，慆慆不归"作为全篇的主调，回环往复，增加了感人的力量——可见老师们要我们好好读书的话还是对的，心中没有诗书垫底，文章根本写不好。

后来的唐宋时期文学，教我们的是一位女老师，名叫张虹，也给我留下深刻印象。虽说是老师，她也就比我大几岁，可能还不如我们班好几位"老生"大。她虽年纪小，资历浅，可是很要强，日夜苦读，殚精竭虑，想要把我们教好。看她往讲台上一站，摆开架势，熟练的话语一串串地甩过来，心里还真肃然起敬。不过她到底又是我们这个年纪的年轻女孩子，平时愿和我们女生走近，有一次聊天，她听说我写了一篇小说，非要看看。我心说你是搞古典文学的，怎么也看当代小说呀？没想到她看完以后，按照古典文学的分析方法，把人物、结构、思想性等分析得头头是道，对我后来的修改给了很大的帮助，从此我方知道，一个人的水平若是高，做学问是相通的。可惜偏偏考张虹老师的课时，我因发烧没考好，只得了80分，这是我在整个大学期间最低的分数，到现在都心存歉疚，觉得对不起张虹老师。

6

"七七级"和"七八级"，又是最桀骜不驯、最有主见、最不听话、最不依不饶、最难对付、最不容易教的学生。

我们是极为挑剔、极为苛刻、极为严格、极为高傲、极为难"伺候"的一群。

我们也有着许多属于我们的意见和不满意。

比如有的课，内容太陈旧了，老师沿用的还是旧讲义，十年前的陈芝麻烂谷子，早发霉变味了，可是依然在讲。老师们也在努力跳出旧框框，但是心有余悸，也力所不逮。

最不满意的，是教学的模式化和概念化，因为还没有"改革开放"，所以，古典文学课、现代文学课、当代文学课、外国文学课，课课全是"社会背景""思想意义""艺术特色"三套式讲法，因此你就听罢，无论是李白、杜甫、白居易，还是巴金、老舍、曹禺，或是歌德、雨果、托尔斯泰，一讲全是"关心民众疾苦""反抗黑暗时代""直抒胸中块垒",谁和谁都一样,连评价的语言都一样,简直分不出古今、分不出中外、分不出个性、分不出高下,就好像上上下下几千年,中外的作家们全是一个模子刻出来的,可叹,可悲!

因此,我经常羡慕现在的大学生、研究生、博士生,他们今天学到的是真实的学问,而我们当年,做了多少无用功啊!

7

不过他们也得羡慕我们,当年,南开举办过一些特别让我们留恋的教学活动,使我们像含着一枚香气浓郁的橄榄,越咀嚼得日久,越能品味出悠长的香味。

那时,每年都要请社会知名作家和学者来讲学,记得听过的有李何林先生、郑雪来先生、孟伟哉先生,还有美学、社会学、心理学、经济学等等,每一次都是一片新的蓝天,给我们心理上带来的强大的冲击力量,可能是校方根本想不到的,有的甚至直到今天依然在对我的思想产生影响!所以我主张要创造一切可能的条件,多给学生们开各种讲座,不管文科理科,都要开拓视野,首先让他们学到手的,不是背诵公式条文、观点结论,而是如何与世界相拥抱的综合能力。

在那众多闪闪烁烁的群星中,永远镌刻在心宇不会忘却的,要属来自海外的著名学者、词人叶嘉莹先生,我们有幸听了她两个月的古典诗词课。

叶嘉莹先生少小即接触古典文学,有家学渊源。20 世纪 40 年代末移居海外,后定居加拿大,专事古典诗词研究,达到很高水平。

1978年她归国讲学，没选择北大而选择了南开，很使南开学子骄傲了一阵子。当时我们刚入校不久，一切都还懵懵懂懂的，不明事理，但见"七七级"和"七八级"老生们，还有白发苍苍的老师们都兴奋地争听叶先生的课，我们就知道好，也狂热地卷进去。我因为起得早，自觉地担负起了替全宿舍占座的任务，只要有叶先生课的清晨，就夹着一大摞椅垫，早早赶到大阶梯教室，在最佳位置的第三排，播种一样地走上一遍，占上一长溜儿座。

等叶先生在掌声中走上讲台时，有着一百多个位置的大阶梯教室，已经挤得风雨不透了，一些晚到者坐到了窗台上。五十多岁的叶先生依然年轻，讲究着装打扮而又不露刻意之痕，每次都是一袭深蓝色衣衫，上面有一个胸花啊，一条丝巾啊等小点缀，一头乌黑的头发则吹得一丝不乱，很风度、很高雅、很了不起、很迷人，我们全体女生没有不为她的仪态倾倒的，简直觉得她就是自己今后人生道路的典范。她讲课的声音有一种海外女华人所具有的特殊的韵味，抑扬顿挫，温婉文雅，作金石声，轻轻地敲击着我们年轻的心。

她给我们讲《古诗十九首》，讲曹操、曹丕、曹植，讲李白、李贺、李商隐，讲李煜、温庭筠、柳永，当然不是"社会背景""思想意义""艺术特色"老三段，而是带着感情，讲得有声有色、有响有动、有爱有恨、有情有韵。记得她说得最多的一个词是"弃妇逐臣"，似乎把个人的人生艰难、生命感悟、难言之隐都唱叹在其中了。有时，她会在黑板上写上一串英文，顺带介绍"叙述学""比较学""符号学""模糊学"等国外的一些研究方法。有一天，她还给我们吟了几首古诗词，是用一种古声、古韵、古调、抑扬顿挫地唱吟出来的，很奇特。记得那天她说："我年轻时不肯吟唱给别人听，是不好意思，现在不同了……"说这话的时候，她的眼睛里闪起秋水一样晶亮的光芒，我的理解，她又是在感叹自己的人生了……

岁月啊，就这么静静地流走了……

8

一晃，一个十年。

又一晃，又一个十年！

算来，我已发表了二三百万字的作品，可我的笔，一直未伸进我的南开园——是感悟太多太浓密？是感情太痴太强烈？是感慨太深太汹涌？还是畏惧她的高度，害怕愚钝的自己表达不出来？

说不清楚……

可是我一直想写，"才下眉头，却上心头"，怎能忘怀我的南开！

今天，母校迎来了八十大寿，风风雨雨，天高地阔，我南开，依然屹立在茫茫苍苍的大地上，风雨不动安如山！终于鼓足勇气，写了此文，虽然拙陋，聊表心意，把它献给您呀——母校南开！

精彩
—赏析——

　　本文开篇用生动的语言以及细致的场景、动作、表情描写，描绘了大学图书馆抢座的紧张情形，既反映出作者大学生活的种种经历，又表现了当年大学生空前的求知热情。由这个场景，打开回忆的闸门，往事如潮水般涌上来。作者如数家珍般讲述了学生们怎样如饥似渴地上课、读书、听讲座，介绍了大学时代那些对自己影响终身的老师、同学、学者，并且反复用了同结构的密集的形容词，如"那么尽心尽力、尽善尽美、呕心沥血，不要命"，"极为挑剔、极为苛刻、极为严格、极为高傲、极为难'伺候'的"，使情感表达如排山倒海，更突显了那段黄金岁月多么令人难忘，走进大学求知的机会多么宝贵。在结尾，作者情真意切地表达了对母校的深厚感情。

朋友谢谢你

🌸 **心灵寄语**

> 真情，是人世间最宝贵的财富。真正使人生充满意义的，是人与人之间的理解与关怀。

心情不好的时候，就容易想不开。一旦处于生命的低潮，便分外地觉出世界的无耐！

感觉着，有一根什么东西，吊在脖子上，在黑与白、生与死之间，摇来摆去。也说不清到底是钟摆呢，还是绳子……

这是万念俱灰的时刻。对付它的办法，我终于找到了一个，就是去看朋友们寄来的贺卡。

贺卡已经鼓鼓囊囊地装满了两大只牛皮纸口袋。"哗啦"一声，倒个底朝天，情谊堆在一起，俨然就耸起一座喜马拉雅山。

生平最早的一张，已遥远不可考，依稀记得那是在儿时，小伙伴们送的。在历尽平生坎坷之后，那欢乐的黄金时光，早已是一去不复返了。

手边上最早的一张，是乙丑年前夜，我的大学校友邓君寄来的。贺卡并不华贵，贺词却一纸千钧，是他托付我问候所有能联系上的南开同学。那正是我们毕业的第三个年头，"自我不见，于今三年"呀！

最珍重的一张，是著名歌唱家仲伟老师寄来的。自从那一年我为她写了报告文学《歌的梦》之后，仲伟老师就同我成为忘年交。可是晴天霹雳，她突然于前年辞世。手上这张珍贵的贺卡，成为我对她永恒的思念。

情谊最多的一张，是《上海文学》编辑部于庚午年寄来的。上面有周介人等全体同人共二十九位的亲笔签名。贺词好得不得了，用大红字写着："我们昨天今天明天天天天天天天天天天天天祝您万事如意。"热浪当时就在心中翻滚起来，那正是我的本命年，这是多么好的一条"红腰带"。

最诗意的一张，是青年女作家长江寄来的。上面是一首亲切极了的小诗："圣诞咬着新年／新年咬着春节／全来了。／一声轻轻的问候，轻轻／一个深深的祝福，深深……"

最遥远的一张，来自苏联。那是我报社前往学习的一位同人寄来的。远在异国他乡，他竟还没有忘记中国人的调侃，写道："我在基辅看到过几份《光明日报》，上面有你写的消息。我很自豪地向身边的几位中国进修生说：'我认识她。'接着他们很钦慕地看着我问：'你认识这些大记者？'"我响亮地笑出声，愿在天边的他能听到我的笑声。

最深切地打动我心的一张，是我的同校师弟晓强君寄来的。贺词也是一首小诗："人生难耐是寂寞／生命总不成熟／在莽莽苍苍的人生旷野里／有一颗渴求真善美的灵魂／那就是你。"只有我一人能够读懂他这首诗，因为前面四句话，都是出自我的散文。且不论这些文章写得好坏，能有人认真读你的作品，就是你平生最大的快慰。

最宁静的一张，是文友红实君寄来的。一幅大海、沙滩、阳光图，画面上还竖着一柄美丽的遮阳伞。红实君的声音从海面上飘过来："人有时也许会感到很累，那么，就送你一把伞，一个荫。"啊，心中的风暴立刻风平浪静，有一种轻松，在心头荡漾。

还有最情深义重、令我热泪盈眶的一张，是七岁的女儿甜甜自己动手画给我的。在"新年好"三个彩色大字下面，她画了两只黄猫（我俩都极其爱猫），一大一小，小的是她，依偎着大的我。周围有许多颗心，还有金黄色的星星，向天空飞腾着。女儿稚气的贺词是："亲爱的妈妈我爱您！"我把这张贺卡摆在我书柜最显眼的地方，向人骄傲地炫耀我的女儿。女儿也是我的朋友，我最亲密的朋友。自从有了这位可爱的小朋友，我的生活焕然一新。

还有……

你们看，我的贺卡何其多、何其美、何其灿烂、何其有情！

一颗心儿，依傍在这么多颗情意绵绵的心上面，人生还有什么不满足？

我捧着这些沉甸甸的贺卡，骄傲地对自己说："你有这么多朋友！单为他们的友情而活着，你就能活得无比带劲。"

是呀，每当感念着朋友们的祝福，每当面对着朋友们的眼睛，我就鞭策自己一定要活得更带劲更好，不要辜负了他们的殷殷深情。

反过来，当我为朋友们活着的时候，我也活得最充实最带劲。

生命中最愉快的时候，就是帮助了朋友的时候。人人都会陷入泥淖，再坚强自立的人也有朝你伸手的时候。这时候你千万要拉他一把，也许从此就扭转了他的一生。

那一年，在经历了一场感情风暴之后，我的朋友 J 君、G 君凄凄戚戚，元气大伤，悲悯于命运的捉弄，再也提不起精神写作。我左一个电话，右一封雁书，殷切地问候，温情地抚慰，耐心地劝导，催命地逼迫，硬逼着他们重新拿起笔。终于有一天早上，J 君来了电话，她刚刚完成大病愈后的第一篇作品。后来 G 君也来了信，他投入一部书稿的编纂之中。他们衷心地感谢我，我呢，也感到极度的快乐。

朋友就是这样，互相支撑着朝前走，手挽着手，心牵着心。这是我们每个人生活的必要因素，若缺了，世界也就残缺；若圆了，世界就可以补足。

寻找朋友并不难。朋友是个广义的概念，把心放开去，大千世界上，芸芸众生中，何处没有声息相通的朋友？

每个春夏秋冬，每个风里雨里，每当我骑车驶过东单大街的交通岗亭，都忍不住想对身边那位交通警同志，道上一声问候。

每个春夏秋冬，每个风里雨里，每当我从家门口的商店满载而归，也忍不住想对小小柜台里的售货员，道上一声问候。

永生不忘二十年前，我们几个文友在西单新风饭庄，吃了一顿家常饺子。服务员是一位六旬老人，瘦嶙嶙的，有些孱弱。他没有夸张的举止，话很少，音量也低。可他像父亲一样真情，像母亲一样关切，像姐姐一样周到。几两饺子，实在是太普通的食客，但他真诚地把我们奉为上宾。那么平常的一顿饭，成为我终生饮之不竭的甘泉，后来在多少次待人接物中，我都学着那位老师傅的样子，把真诚与善良，留在人们心间。

人的一生，最大的价值实现是什么？不是金山，不是银海，不是翡翠的森林、玛瑙的湖泊，而是这种长久地生长在别人之间的你的真善美。

我小心地把心收了回来。

轻轻地推倒眼前的喜马拉雅山，一张一张地摊开，铺成一座大花园。五彩缤纷的贺卡竞相怒放，阵阵芳香扑面而来，沁入我的心田，令我觉出世界的美丽。

按着年头、月份、日期，一张一张地编上号，我又把它们缀成一条彩虹，萦绕在我的空间、我的宇宙、我的银河系中。它们"哗哗啦啦"一齐歌唱起来："亲爱的小蕙……"

我鼻子发酸，扑在它们身上。揽着它们犹如拥抱着朋友们，我暗暗发誓：我将终生珍藏它们，有我在就有它们在。

人的生命要靠友谊来激活。激活生命的友谊，也同样要用生命来换取！

对了，我的贺卡一共有 240 张了，我把它们登记造册，刻进生命的永恒。然后，在扉页上恭恭敬敬地写上五个大字："朋友谢谢你！"

精彩赏析

作者将朋友寄给自己的贺卡全部珍藏起来，在内心感到迷茫忧伤的时候，就拿出来看看。贺卡上的文字常读常新，是因为它们承载着生命中最宝贵的回忆，记载着一生中曾经给过她温暖的人们，每次拿出来看一遍，这些文字又重新滋养了心灵。有些朋友始终相伴左右，有些朋友早就天各一方，有些朋友在人群中擦身而过，但人与人之间的每一次交会，都使我们的人生变得更有意义。朋友的价值在于彼此理解，在于困难时互相帮助；在于给我们带来新的启发。

和孩子一起成长

> 最好的教育，是陪伴、是启发，是言传身教、耳濡目染。
> 在成长的道路上，父母与孩子，本应携手同行，一起攀越高峰。

对于全世界的母亲来说，有一道共通的难题，那就是教育孩子。无论是在欧洲、美洲、非洲，还是亚洲；无论尊贵如女王、女总统、女首相，富庶如女大亨、女科学家、女学者，抑或普普通通的小康之家、平头百姓，可以说没有哪一位母亲，不是希望把她们的孩子培养成为出色的人。

对于中国人来说，自古就有优秀的教子传统。"子不教，父之过"，"孟母教子，三择其邻"，"岳母刺字，精忠报国"，这些动人的老话，充分展示了中国母亲崇高正直的思想境界。至于当代生活中的母亲们，因现代化思潮的熏陶和推动，更是越来越懂得把孩子的教育问题视作生命的大事。有一个动人的街景每每令我鼻子发酸，就是每个星期天一大清早，你看吧，一位位母亲背上背着乐器，脚下呼呼生风地猛蹬驮着孩子的自行车，送他们去上各种业余艺术班。这些行色匆匆的母亲们大多面带沧桑之色，但从不闻她们有任何怨言。风猛雨狂也阻不住她们的心劲。岁月就在这么经年累月的操劳中度过了，孩子们渐渐长大。我曾想，就是用刀子逼着她们，母亲们也绝不会后退的——什么也阻挡不了伟大的母爱！

我自己也曾是这个伟大队伍当中的一员。那年我女儿甜甜十一岁，就读一所极好的小学——北京史家胡同小学，是区级三好生，班里的中队长。从她三岁起，我就驮着这只可人的小鸟，去学画画、弹钢琴、上奥林匹克数学班。记得她弹出第一首曲子时，我心里激动得满满的，喉咙发噎，有一股难抑的情感一个劲儿地往上冒，我自豪得比自己获得什么成就都高兴……

这就是母亲的心。

可是话又说回来，就好比一棵大树和一棵小树共生共荣一样，在女儿一天一拔节的生长过程中，我也一天不敢懈怠地往前赶着自己的路。女儿是女儿，我是我，我俩各有各的人生，都有意义，亦都有价值。常常是我开始编稿子或写作时，我就要求女儿不能再跟我说话，有时她嬉皮笑脸不甘寂寞，我就正言厉色地捍卫我的工作权利。女儿遂抗议，认为我应该把她放在第一位，我说不对，放在第一位的永远都应该是工作和学习，这是做人的一个原则：人不应该只为自己活着，而应该为这个世界做点什么。退一步说，这对培养孩子也大有好处，母亲的工作越出色，层次越高，孩子所受到的教育水平也越高。我极不赞成有些母亲，二三十岁，年纪轻轻，就把自己这辈子放弃了，一心只为孩子活着。特别是有些"老三届"，自己当年没机会受高等教育，如今就把全部的生活热望，寄予在培养孩子上大学上面，有的母亲宁可自己累死累活，甚至泡病号、提前退休、卖血，也要陪着孩子上补习班、请家庭教师、给孩子买各种名牌……这些想法、做法固然可敬，手段却也令人叹息。要是你本身学富五车，著作等身，通晓好几国外语，论说起国内外大事头头是道，你的孩子可以得到你的指点，那对孩子的教育将能产生多么深刻的影响！傅聪成长为著名钢琴家，就离不开傅雷先生深厚的家学渊源。怕就怕你本身就只是二尺高的篱笆，那怎么能给孩子攀天的条件？我曾有过一个比喻：母亲好比是孩子的教练，在他很小的时候，教练比孩子跑得快得多，可是随着时间的推演，孩子逐渐赶了上来。这时，母亲面临着三种选择：一是停滞不前；二是和孩子一起跑；三是拼了全力跑在孩子的前面。我选择的是第三种。

1995 年 5 月，北京电视台拍摄系列纪实片《中国母亲》，给我和女儿拍了一集，题目就叫作"和女儿一起成长"。片子播出后，引起许多母亲的共鸣，有时我们走在大街上，会有素不相识的母亲和孩子来和我们打招呼，交流教育孩子的感受。初夏的一天，我刚登上一辆公共汽车，就见一位年轻母亲挤过来，对我说："你和你女儿，特别幸福吧？"回到家里，我把这句话告诉女儿，并且由此讨论什么是我们的幸福时刻。结论是：在我们互有交叉之时——女儿有时会问我形形色色的问题，我也间或向女儿请教，对付这些奇奇怪怪的"十万个为什么"，就像我们母女奋力攀登一座大山，虽然有时走得汗流浃背，互相搀扶着蹒蹒跚跚，但最终一定"会当凌绝顶"，尝到"一览众山小"的快乐。

精彩赏析

作者结合自己的育儿经验，谈了自己的教育观。天下父母都"望子成龙、望女成凤"，特别是在竞争激烈的现代社会，人们对教育的投入越来越高，给孩子报五花八门的培训班也蔚然成风。但是，作者通过讲述自己与女儿的相处方式，向我们阐明了，父母与子女都属于独立的个体，父母在呕心沥血培养孩子的同时，也不应该放弃自我成长，父母本身的学识、人品、能力、资源带给孩子的影响才是最大的。与其将全部的希望寄托在孩子身上，不如与孩子一起成长。

秋意绵绵的晚上

🌸 **心灵寄语**

> 喧嚣都市中，人们行色匆匆、摩肩接踵，人与人之间的一点摩擦会让我们失去耐心，人与人之间的一点善意也会让我们倍感温暖。

那个秋意绵绵的晚上，我从外地出差飞回北京。

乘机场大巴士，风驰电掣，半小时就融入西单那一派璀璨的灯海之中。

我的心情很好。

等候的转乘车来了。这是一家香港公司独资在北京开辟的专线车，车体宽大舒适，车型和颜色也都漂亮得抢眼，刚刚开行的时间不长，就被新闻媒体誉为"京城里一道亮丽的风景"。

由于这是总站，上车的人不多。我拖着行李箱，走在最后。在将两元钱塞进车前门专设的售票箱里之后，我问开车的女司机，能否给我一张车票？

女司机看上去三十七八岁，表情有点阴鸷，我一连问了两声，她均不作答。却在突然之间，凶巴巴地朝我嚷起来：

"你躲开那儿，挡住我的视线了！"

我躲开了，坐在旁边的椅子上，却极为不悦地批评她不该这样粗暴地对待我。按我的标准，香港老板开行的豪华车，就该提供第一流的优质服务。却再也不能像过去开公共汽车一样，动不动就朝乘客发脾气，不吃大锅饭了，还耍大锅饭的脾气，这怎么行？

何况现在公共汽车的司售人员，还有北京差不多所有国营的、合资的或私营的大小商店服务员，服务态度也都大有改观，很少再有随便呵斥客人的了。

那女司机不知是吃了枪药还是中了邪，不但不认错，还一声比一声高地跟我吵吵。旁边一位素不相识的男乘客看不过去，开口助我，批评女司机。

后面一位素不相识的女乘客也开了口，批评女司机，还说了诸如"不好好开就别开"等动感情的话。

女司机仍不嘴软，当即甩出话来："我就这态度！就这么开！不爱坐就下去！"

这一来惹起众怒，满车人纷纷说："车上不是有投诉电话吗？打电话，投诉她！"我虽已怒火中烧，但还算清醒，马上制止说："那别了，现在下岗的这么多，找这么个饭碗也不容易。"

女司机沉默了……

孰料，过了和平门，又过了琉璃厂，女司机竟向我道起歉来！她一个劲儿做检讨，说刚才她"不知道怎么一急躁，就犯起浑来，真是对不起"云云。我一听此语，也忙说："大家都有情绪化的时候，不过一定要控制住自己，要不容易出事。"

车厢里的气氛立刻变了，变成如歌的行板，融入秋意绵绵的北京之夜。为了表示我的亲善，我慢慢告诉女司机，我的家就住在这趟车的总站附近，那是我们报社新建的宿舍楼，而由于报社就在这条专线上，平时不少回都乘坐这趟车，对这豪华的空调大巴很是赞赏……

至车开到总站，我拖着行李箱下车。女司机对我客气有加，把车停在离路口最近的地方，还连声问我住得远不远，用不用送送？我笑笑，说："咱们可真是不打不相识。"她也笑笑，说："欢迎您以后还坐我的车。"

我们都是由衷的。

踏着皎洁的月光，我向温暖的家走去。楼群之间，不少散步的居民在悠闲地踱着步，谈笑声清晰入耳。一阵晚风习习吹来，像一只温柔的小手在抚摸，心下好一阵舒服。

其实，人与人之间是很容易沟通的，就看我们采用的是不是多为别人着想的向善态度。如果我们刚才和女司机吵翻，大家投诉到有关部门，香港老板可能会碍于一车人的众口一词，再加上我的记者身份，炒了女司机的鱿鱼，但这显然对谁也没有好处——我自己肯定会因为心不安而蒙上阴影。而现在，结局多好啊，它就像眼前这清辉如水的月光一样，把人世间的真善美，朦朦胧胧地铺展在我们的身前身后，左左右右，使大家都变得高尚起来。

精彩赏析

作者在北京繁华的都市夜景中，展开了"我"出差归来坐公交车的一段小插曲，因为司机的不友好态度，"我"与司机争吵起来，围观的群众也纷纷加入，最后司机终于向"我"道歉，二人竟聊了起来，最后化干戈为玉帛，"我"带着心满意足的心情走向家中，在秋意绵绵的夜晚，感到一阵温暖。人与人之间的矛盾，很多时候都是因为不能换位思考，在现代化的大都市，人与人之间的关系变得越来越淡薄，但是有时陌生人之间的一点点互相理解，也能为我们的生活增添一丝美好。

▶预测演练一

1.阅读《怎能忘怀我的南开》，回答下列问题。（13分）

（1）文章开头的1—6段图书馆抢座的情形，运用了哪些描写方法？其作用是什么？（4分）

_____

_____

（2）结合上下文，回答为什么老师们会说"'七七级'和'七八级'这两届学生，对于中文系来说，很可能是空前绝后的"？（3分）

_____

_____

（3）文中作者介绍了很多令人难忘的老师，请列举三位，说说他们各自有什么特点。（6分）

_____

_____

2.阅读《秋意绵绵的晚上》，回答下列问题。（12分）

（1）作者乘坐的是一辆什么样的公交车？为什么要描写这辆公交车的外观？（3分）

_____

_____

（2）司机为什么改变了对作者的态度，向她道了歉？（3分）

_____

_____

（3）作者下车之后，描写了回家路上的情景，这样的描写体现了作者怎样的心情？（3分）

_____

_____

（4）通过作者的这段乘车经历，我们得到了怎样的启示？在公共场合中应该怎样与陌生人相处？（3分）

_____

_____

3.写作训练。（60分）

人生中总有一个阶段，我们为了准备一场考试夜以继日地学习，或者为了某项爱好勤奋刻苦地练习，或者为了某本中意的作品废寝忘食地阅读，这些都会成为人生中难忘的经历。

阅读《怎能忘怀我的南开》，记叙你记忆中一段难忘的学习或读书经历。文体不限，字数600~1000。

雷鸣的瓦

🌸 心灵寄语

> 瓦，是自然之子，是最不起眼、最默默无闻的，但这种平凡中蕴含着的伟大，值得我们珍视。

那大概是 20 世纪 80 年代的一天，在咸阳还是什么地方，我跟着陕西文友们去参观一座古寺。大家出门时候，我看见贾平凹手里托着几块灰色的瓦片，宝贝似的找报纸包起来，就像捡到了几大块金子。好奇，问。贾大师用浓重的陕西口音回答说："是宝贝呢！这是汉瓦，秦砖汉瓦嘛。"

我忙仔细端详：普通得很，基本跟今天的瓦没什么两样，灰色，泥质，中间是逐渐凹下去的圆弧边际线。也没看出诗歌或散文里吟咏的什么"沧桑感""历史厚度""民族表情""存量文化、增量文化"等等。瓦就是瓦，本色的瓦，盖房子用的瓦。

岁月苦短。两千多年前的瓦，到今天，仍然是瓦，仍然叫瓦，仍然是瓦的本相。

不同的只是，瓦，在飞快地消失！过去，我们谁不是生活在瓦的君临之下？比如家宅之上的青瓦，虽然不声不语，却天天眷顾着我们的喜怒哀乐。大院门楼上的大灰瓦，高兴地迎候着我们归来，也在管束着我们的出行。街道两旁的建筑上，时时都有大大小小的瓦眼，在关注着我们的大秘密、小秘密。再如，公园的围墙是花瓦、彩瓦、翘檐瓦、艺术瓦粉墨登场的舞台，每天夜深人静时候，不知道会有多少精彩的节目在争奇斗艳。更有少数民族的多形多状、丰富多彩、气度万千、大含细入的瓦们，开阔着我们关于瓦的视野……

尽管如此，我们对身边的瓦朋友、瓦爹瓦娘、瓦哥瓦姐、瓦保护神，采取了视而不见的态度，对它们的情悟和思望一点也不在意。因为，瓦们实在是太普通了，普通到不起眼，不起眼到被人忽视，被人忽视到就像空气一样虽存在却如同不存在。直到有一天，瓦，瓦们，突然从我们的视野中减少、撤退、集体大规模消失的时候，我们才猛然惊醒，拍着自己的胸腔叫道："糟了，瓦被我们错过了！"

确凿，瓦已经被我们错过了。现在，别说城市，哪怕是最小的城市，也已是一片玻璃钢幕墙大获全胜的战场。即使在农村，就是在很偏僻很偏僻的山旮旯里，也早已被瓷砖、不锈钢、预制板所统治。瓦们呢？躺在屋角、院角、村角的尘埃里，像前朝的灰头宫女一样，落寞，心死，一任身前身后，荒草萋萋……

有识之士就出来抢救了，大声说这是民族遗产，物质的和非物质的。又说是精神支撑，传统的和现代的。还说是文化攸关的，是上层建筑亦是经济基础的。以及是绿色的、低碳的、环保的、国事家事的、千秋万代的……

还有人身体力行，想尽绵薄之力留住瓦。比如陕西的建筑大师余平，十多年间在偏乡僻壤中行走，像夸父逐日一样寻瓦、觅瓦、追索瓦、解读瓦，整日和瓦们相伴……

更有人搭上大把的钱财，舍上年华和身家，期冀让瓦重新回到生活中来。比如儒商赵少君，把生命前半程赚的钱都转投"瓦库"上面，目前已经在西安、郑州等地建成了四个"瓦库"。"瓦库"，望文生义就是"瓦的仓库"，实地看看，是把茶放在"瓦的仓库"里面喝，或者说在"瓦的仓库"中开茶楼，让人一边品茶，一边学习从全国各地呕心沥血搜寻来，又挖空心思装饰成各种造型墙的白色、黑色、灰色、红色、黄色、绿色，大块的、小块的，长方形的、半圆形的、三角形的、矩形的，各方各地的、各年各代的瓦们……

甚至，还有人为瓦召开了研讨会，唏嘘、感慨、悲伤、叹惋、追怀、疾呼、宣誓，要为留住瓦而皓首穷经，而披肝沥胆，而所向披靡，而愚公移山，而奋斗不止……

然而，尽管他们全都抱定了钢铁的信念，不把世界"瓦"起来绝不收兵；可是我，可悲的直率的我，还是兜头泼了一盆冷水。多少恨，人奈何？今天的瓦，只能是这样的一些符号了：

文化记忆：记住历史，我们曾经是这样走过来的。

文明标尺：标示高度，中华民族曾经创造了灿烂辉煌的文明。

传承血脉：薪火相传，高贵和优秀的精神永在长江和黄河中奔流。

借鉴修正：返璞归真，反思我们今天的所作所为，是否符合天道和人道的规则？

更新观念：回归自然，照鉴我们今天的一切一切，是否在为生态和环保加分？

激发砥砺：以瓦为镜，为了民族的健康发展，我们必须对消费抱有高度的警惕，摒除贪图享受的私心，滋养最自然、最普通、最本色的仁人之心，先天下，后喜乐。

在我的内心，最心仪的，还是瓦的平民化。瓦有很多我个人非常认可的优点，比如说它们是质朴的、踏实的；把自己隐藏在集体中，不炫耀、不声张、不出风头的；最本真、最本质、最本色的，不虚伪、不矫饰、不巧言令色的。鲁枢元教授说："大自然是神。"韩小蕙跟着说："瓦乃自然之子。余宁愿自己是一块瓦。"

于无声处，请静下心来，谛听瓦之雷鸣。

精彩 赏析

瓦曾经是中国人日常生活中最常见的东西，不会被人注意。然而随着现代化的推进，瓦逐渐消失在人们的生活中，被各种各样新型的材料所取代。这时人们开始怀念瓦，怀念一种古老文明的逝去，于是对瓦大做文章。而作者认为，文明的进程是不可逆的，瓦也势必成为过去。它如今的价值是一种精神符号。作者认为，瓦是最自然最朴实的，象征着这片土地上世代生活着的普通人，对自然、对人民的赞美是我们现代社会所需要的。

快乐的理由

🌷 心灵寄语

快乐的理由其实很简单，家人的陪伴、安稳的工作、充足的睡眠、专心做喜欢的事……快乐是自己给自己的。

从前人们碰到一起，打招呼时说的是："吃了吗？"

后来路上遇到，改成了："你好！"

今天相逢，在相当一部分人口中，又变成："活得快乐点儿！"

由物质到精神，关怀的内容发生了本质的变化。

然而，快乐的理由呢？

我问过许多女同胞。相同的回答差不多都是："享受生活呀。"不同的是她们有各自快乐的源泉——

一位老太太，已到走路不能自如的境地，还坚持在景山公园的台阶上，一级一级地往上蹭。她脸上阳光灿烂："这是我每天最快乐的事呀。"

一位女友，整天忙碌在办公室，无非打印个文件，收收发发，很琐碎，往身后一看什么都留不下。可一到休息日，她就闲得忧郁，叨唠说："工作能使我快乐。"

一位操劳了一辈子的母亲，不穿金，不戴银，不吃补品，不当王母娘娘，每日依然辛劳不辍，笑呵呵回答儿女们的是："全家平平安安，比什么都让我快乐。"

一位下岗女工："谁能给我一份工作，我可快乐死了。"

一位小保姆："主人家信任我，不见外，我就觉得快乐。"

一位小女生："哎呀呀，星期天早上能让我睡够了，最快乐！"

至于我呢？每当坐在电脑前写作，心里就流淌出一条喜悦的大河，别人以为我整天点灯熬油的那么苦，玩什么命呢？殊不知，写作是灵魂的寄居所，是生命的泊地，这是我生活全天候中最快乐的时光。

……

生活是世界上最难的一道题，复杂得永远解不清；生活又简单得像一颗透明的水滴，一首诗、一支歌、一朵小花、一片绿叶、一只小动物……就能让我们快乐得如同仙女一样飘起来。

人心则是自然界最遥不可测的欲海，有了电视机，还想要电冰箱、洗衣机、手机、空调、汽车、房子、别墅……人心也是最容易满足的乖孩子，一句宽心的话，一张温暖的笑靥，一个会心的眼神，一声真诚的问候，一个良善的祝福就是一根棒棒糖、一颗开心果，能一直香甜到我们心里，使我们回到快乐的童年，小鸟一样叽叽喳喳地唱个够。

史蒂文森说："快乐并不总是幸运的结果，它常常是一种德行，一种英勇的德行。"

快乐起来的理由有万万千千，关键是——要时时刻刻给自己，加油，鼓劲！

万万千千的快乐组合起来，不必说，就能汹涌起滚滚滔滔的人生幸福之河。

精彩
——赏析——

作者通过人们互相打招呼的问候语的变化，说明了随着物质生活的提高，快乐成为人们更渴求的东西。接着，作者举了身边很多女性的例子，她们都是最普通、最平凡的人，但她们都有自己快乐的源泉，日常生活中一个小心愿的满足，一点小小的享受，做一件自己喜欢的事，就能给人带来快乐。可见，无止境地填满欲望并不能使人快乐，人们更需要的是在日常生活中时时刻刻寻找快乐、感受快乐的能力。拥有这种能力，我们每个人都可以在平凡人生中找到幸福。

———————————

给

> 尽我所能、不计得失地给，是多么难能可贵，世间真情难觅，知己难求，只有大自然永远向人们敞开怀抱。

"我愿意给——尽我所能拥有的。"

第一次从心底喊出这句话，是在我的老杏树的亡日。

每个人都有自己的生命图腾，或曰感情图腾。我的图腾就是家门口这株老杏树。

说不清它有多大岁数了。反正自从我记事起，它就已是一株老树。宿舍大院里的树木成百上千，老杏树算是很丑陋的一株。树身从腿部被一分为二，斜刺里向天空伸出满是疤痕的双臂，以至于谁看上一眼，心情都会为之黯淡下来，痛惜生活于它怎么如此沉重？

可是我爱它。每年一进初春，老杏树就抖擞起积蓄了一冬天的精气神儿，最先给人送来粉白色的小花。花朵虽也简陋，但那是报春的第一枝呀！

如今，当我品尝过生活的酸甜苦辣之后，我痛悔当年很少把我的欢乐带给老杏树，却把所有的委屈向它诉说。谁说孩子的心里没有痛苦？悲伤的我犹如离群的孤雁。唯有老杏树，依然待我温馨。一年，两年，三年……它依旧给我送来希望的春意，花开花落，蓄芳又待来年。

对于人类来说，大自然是多么的慷慨！不仅给了我们阳光和空气，给了我们粮食和蔬菜，给了我们红花和绿树，给了我们蓝天和白云，也给了我们生存下去的慰藉和勇气。当我们从人类社会中饱尝冷嘲、热讽、嫉妒、中伤、排斥、打击、孤独、寂寞之时，大自然却每每以它永远的爱心，慷慨地把我们拥在怀抱里，慢慢将我们的伤口抚平。它把这视为它的责任，而我们人类对此也早已安之若素，以至于上至睿智超群的哲人，下至平凡庸常的黎民，谁没有寄情白雪皑皑的洒脱？

大自然的给予，是世界上最慷慨的给予。

可是不曾料到，树，被伐倒了，说是要重新美化环境，植一片花草。

老杏树就这么被迫去了！

这一亡日，我没有流泪，也没有去祭祀。心里被盛不下的情感堵得满满的，满心里想的只是一个字：给。

给呀！

……

老杏树给了一辈子

大自然给了亿万年。

我们人呢？

在我们的社会生活当中，"给"是一个很稀罕的字眼，以至于当我们受伤的时候，我们只能躲在大树的浓荫之下舔干伤口；当我们欢笑的时候，我们也不能在大庭广众面前尽情开颜。即使当我们想为别人做一点好事，想要给予想要爱的时候，也不能不提起设防之心，否则，好事也能变成坏事。这么沉重的活法，谁不曾诅咒过谁不想改变它？可是人类总也不能像大自然一样，抵达无私给予的境界。

老杏树去了。悲莫悲兮，再没有人听我幽怨听我倾诉。人大了，心也大了，里面的委屈其实更多，没有了生命的图腾、感情的图腾，无以倾诉的人生是最沉重的人生。

因为得不到，所以我愿意给。

要求自己，也企盼别人：像大自然一样地给，像老杏树一样地给，使我们的人生也拥有绵绵无尽的爱意。

精彩赏析

一个"给"字，包含着丰富的意蕴。作者在遭遇人生的挫折、品尝到人情冷暖时，意识到人类社会是复杂的，人与人之间的关系有互相关爱，也会有互相伤害。因此，人们很难完全不计得失地、坦然地对待他人。大自然对我们却从不索取，只会无私给予。因此，在艰难的岁月中，门口的老杏树成为作者心灵的慰藉。当老杏树终于被砍时，作者不由得悲从中来，并希望我们每个人都能无私地给，使我们的人生少一些孤独，使我们的社会多一些温暖和爱。

我们遗忘了什么？

🌸 **心灵寄语**

> 　　自由、博爱，或许已经被很多人遗忘了，但它们是世间最珍贵的宝物，永远值得我们追求。

　　我认为，十二生肖当中，马是最好的属性。是的，你瞧，龙属虚幻，虎要吃人，蛇最毒鸷，鼠患无穷，牛太老实，羊任宰割，兔子弱小，猪忒愚笨，猴性顽劣，鸡供食烹，狗呢，尽管于人类多么亲善，但也总甩不掉"走狗"的骂名。唯有马，从古至今，得到的全是推崇与赞扬。

　　这就使恰好属马的我，总莫名地处于一种虚妄的扬扬得意之中，就好像马身上所有的优点都是我的优点一样。人啊，再有理智，再懂得自律、自尊、自诚，也总是甩不掉这根多余的尾巴——没劲！

　　在以往的文章中，马似乎都是没有缺点的。

　　唯一的例外，我所见到的，只有18世纪法国著名博物学家、作家、进化思想的先驱者布封，他在其吸引了全世界目光的著作《动物素描》之中，无情地数落出马的致命弱点，惊世骇俗，请看：

　　　　但是它驯良不亚于勇毅，它一点不逞自己的烈性，
　　它知道克制它的动作：它不但在驾驭人的手下屈从着他的

操纵，还仿佛窥伺着驾驭人的颜色，它总是按照着从主人的表情方面得来的印象而奔腾，而缓步，而止步，它的一切动作都只是为了满足主人的愿望。这天生就是一种舍己从人的动物，它甚至于会迎合别人的心意，它用动作的敏捷和准确来表达和执行别人的意旨，人家希望它感觉到多少它就能感觉到多少，它所表现出来的总是在恰如人愿的程度上；因为它无保留地贡献着自己，所以它不拒绝任何使命，所以它尽一切力量来为人服务，它还要超出自己的力量，甚至于舍弃生命以求服从得更好。

对了，最击中我的就是这句："它所表现出来的总是在恰如人愿的程度上。"这真是一箭就射中了靶心，连分辩的空间也没有剩下丝毫。

当然，从人类的角度来说，马的这些良好表现，都最合适我们不过了：贪婪的人类无耻地让它们替我们干重活，驮着我们跋山涉水，在战斗中甚至让它们用性命换回我们的性命……这一切，人类都认为理所当然，马也被驯化得和我们一个鼻孔出气——虽然我们的立场是多么不同啊，我们是奴役者，马是被奴役者。

除了马，还有牛、羊、大象、骆驼、狗、猫，甚至一部分老虎、狮子、黑熊。我们人类真是贪得无厌，我们奴役和妄图奴役全世界所有的生灵，为了我们自己生存得更加舒服、安逸、至高无上。为此，我们还觉得不够，于是，人类就自相残杀，相互摧毁，征服和奴役别人，用同类的鲜血和痛苦，还有自由的丧失和精神的桎梏，来源源不断地填补我们自己那魔鬼的欲壑。

许多年就这样过去了。就像驯马的过程一样，人类自己也逐渐被驯服了，建立起了林林总总的社会秩序、制度、道德规范，还有其他许许多多。而那无比珍贵的晨曦——符合人类最本原的、最自然的、最合理生存的条件，比如自由，比如民主，比如博爱，渐渐地都被乌云吞噬了，也渐渐地被我们从自己的心灵放逐了！

如今，一匹好马的标准，首先是臣服和忠诚。如果它的毛色既飘逸，又鲜亮，它的身体又强壮，又匀称，它的四条腿又健美，又有力，它的生活态度又驯良，又克己，它又是真正的千里马，那它无疑可以得到我们人类最大度的肯定和赞誉。那么，一个好人的标准呢？

山川、湖泊、激流、险隘，我们的确遗忘了什么。布封的《马》提醒了我们：我们遗忘得太久了！

精彩赏析

从十二生肖这个话题，作者联想到马这种动物，自古以来，人们对马从未停止过赞扬，而作者却从布封的著作中，读到了另一种看法——马看上去尽善尽美，但太过于驯服。尽管马从各个方面能够满足人类的愿望和需求，却唯独缺少了自由的灵魂。人类组成社会，于是产生了等级，产生了规则，而为了满足自身的愿望，人们还想去驯服他人。因此人也会像马一样，为了适应社会，满足他人期望，而变得越来越驯顺，但是，自由、博爱永远是最珍贵的、不应该被遗忘的东西。

别让人讨厌你

🌷 心灵寄语

美好的品格，散发着芬芳，使人与人的相处如沐春风；浮躁的时代，需要我们继承优秀的传统文化，做一个谦谦君子。

先让我给大家讲两件事，都是真事。

第一件：有一天，我国著名大书法家启功先生正在家中静坐，忽然一阵擂门声轰然响起，不禁吓了一大跳。赶忙起身开门，一看，外面站着一个人，五十多岁，黧黑、矮胖、直眉瞪眼。一打听明白了眼前这位就是启功先生，就亮开嗓门嚷起来："哎呀我的祖宗，可找着您了！我是从外地来的，是一到北京就发蒙，找着您这花两个半小时了！"

启功先生问："不敢劳大驾。您找我，有事吗？"

"有事！有事！"来人又嚷道，"要不我花两个半小时干吗来了？我是专门慕名前来，跟您买字来了。"

启功先生很不高兴，但依然不失风度，礼貌地说："您知道我的字卖多少钱吗？"

来人一听，大剌剌地说："那没关系，咱有钱！您说吧，要多少？"

101

一向幽默的启先生伸出两个手指头。

那人一见，忙忙地喊起来："200元，不贵！不贵！咱有！咱有！"说着就掏钱，"您写吧，啥都成，都成。"

这时，只见启先生把脸一沉，一字一句说："你给20万，我也不卖！"

……

第二件：今年春天，有一天我去看望张中行先生，见这位大学问家正忙着写书法。问他这一回又是给谁的？老先生一听就笑了，说是这一回给的谁，连他也不知道。见我一副不解的样子，张先生解释说："昨儿接到一封信，四川来的，一个女护士，说是特别喜欢我的字，可是她没钱，问能不能给她写一幅不要钱的？我一看，赶紧写，不给谁写也得先给这没钱的写，你说是不是？"

我说是。只见张先生高高兴兴写了，又特意写了一封信。寄走以后，就像完成了一件什么大事，一整天都挺愉快，还专门给我讲了上面那则启功先生不卖字的趣闻。

我之所以要把这两件事拿来说一说，并不是只想讲讲名人的逸闻，佐大家一笑。不，我想说的是，通过这两件对比鲜明的事，你是不是觉得，这里面蕴含着处世做人的大道理？

我想，无论我们谁，无论是在熟悉的朋友之中，还是初到一个陌生的环境里，都想要博得大家的喜欢吧？这是人之常情。它除了能使我们自己心情轻松愉快之外，也能给别人带来愉悦，从而证明我们是大家喜欢和欢迎的人。我不相信有谁非愿意招人讨厌，做个人人都烦之恶之的讨厌鬼，那不也等于是跟他自己过不去吗？我不相信世界上有这种人。

然而问题也就来了：想要博得别人的喜欢，并不是一件容易的事，俗话说"交人易，换心难"，正是孟子"人之相识，贵在相知；人之相知，贵在知心"意矣。记得我很小的时候，长辈就告诫过我，维护一个朋友是非常难的，有时候一件事没做好，就把人伤了，再也追不回来；可是要让人讨厌你，却是太轻而易举了，也许一个眼神不对，种下一个坏印象，从此一辈子都扭转不过来……今天体悟之，老人的话，真是金玉良言了！

那么，到底应该怎样做，才能给人留下好印象呢？

我想有两个方面的问题。其一，是本心的品格；其二，是文化的修养。

先说其一。就拿上面的事举例子，那位女护士，为什么这么容易就获得了张中行老先生的好感呢？我以为，首先谓之心诚，本真的心，纯洁无瑕疵，这里面既无名人、凡人的界限，也无金钱、利益的考虑，喜欢就是喜欢，率性由人，乐在知心。其次，又在诚实，据实以告，我没有钱，但是追求文化；同时，还隐含着对于高尚的期冀与对于世俗的批判。这对于君子张中行先生来说，正是"寤寐求之"的，焉有不"琴瑟友之"之理？由此可见，高尚的内心品格，是与人交往的基础。"人生贵相知，何用金与钱"，李太白的这句诗，千古不朽。

再说其二。那么，那位到启功先生家买字的人，你也不能说他心不诚，为什么他却碰了一鼻子灰呢？我以为，境界不高是第一方面，他以为他有钱，就什么目的都能达到，这在价值观完全不同、重义忘利的启功先生来说，正是最最厌之恶之的，这不是送上门去招人讨厌吗？其次，文化修养太低也是一个不可忽视的因素，连基本的礼貌修养也没有，敲门像来抄家的，说话像来吵架的，求字像来索债的，又无知到不识泰山的地步，幸亏启功先生修养一流，不然喊人将之打出家门，也是他活该。

近些年来，不，也许应该说是许多年来、不少年来，我们把传统文化当中的精华，比如"德，国家之基也"（《左传》），"学然后知不足"（《论语》），"人有礼则安，无礼则危"（《礼记》），"富贵不能淫，贫贱不能移，威武不能屈"（《孟子》），"先天下之忧而忧，后天下之乐而乐"（《岳阳楼记》）等，一概当作"封建糟粕"来批判。这样做的结果，异化了一代老人，贻误了一代中年，坑害了一代青年，还波及了一代孩子，正如古人所说，动摇了国家之基。加上近些年来，经济的列车像火车头一样超速前行，文化则像累赘的行李车一样被甩在后面，导致精神、文明、道德严重滞后，出现了一批像那粗俗的买字者一样的"没文化阶层"，这也是很可怕的。幸好中华文化具有数千年的强大力量，并没有被斩尽杀绝，一代学贯中西的老学人也还在，挺身担当起"待重头收拾旧河山"，延续传统文化香火的重担。效果还是很显著的，最起码的，现在，我们大家已经知道没有文化、没有修养的人，是令人讨厌的人。

既然如此，那么，送上一段《离骚》，让我们大家共勉："纷吾既有此内美兮，又重之以修能，扈江离与辟芷兮，纫秋兰以为佩。"

美好的品质犹如香草鲜花，缀满全身，花枝招展，再多也不会嫌其多。其香馨馥浓郁，一路走来，一路飘来，"宝马雕车香满路"。我想，不但到哪里都会受欢迎，并且还能够"冲天香阵透长安，满城尽带黄金甲"，多么好！

精彩
—赏析—

　　本文讲述了两位书法家所经历的事，将两个求字的人做了鲜明的对比，以此引出作者对为人处世的思考。作者认为，所谓讨厌的人，存在两方面的问题，一是本心的品格；二是文化的修养。真诚的心是人与人交往的基础，而文化修养可以提高一个人内在的认识进而养成礼貌的言行。作者痛惜着如今传统文化的精神品质越来越稀缺，为此，作者引用了屈原的《离骚》片段，诗中的香草，代表着君子的美好品格，也代表着中华民族优秀的传统文化，作者希望我们能将它发扬下去，使得"冲天香阵透长安"，社会越来越和谐。

最靠得住的是你自己

> 自强不息，忠于自己，走好自己的路，辛苦播种的人，最终会收获一片金灿灿的田野。

一大早，太阳还没笑出来呢，女友 D 就像一个打劫的大盗"叮咣叮咣"闯进门来。只见她两颗眸子亮得就像九寨沟黎明的秋水，流转顾盼之间，竟闪出一种少女才会有的动人妩媚。平时脸上的忧郁之色全不见了，细碎的皱纹也展平了不少，整个神采就像金风之中的一盘向日葵，灿烂、辉煌、自信。我疑惑地探过身去，像侦探一样盯着她，细细密密地审查了两遍，才不无调侃地问道："捡着金元宝了吧，怎么这么春风得意呀？"

她美滋滋地笑了。突然就扑过来，把我拉在怀里，在屋里转了一个舞步。然后一下子把我按在椅子上，甜甜地宣布道："昨天是我结婚十周年，我请我丈夫吃饭来着，在贵宾楼饭店。"

"好呀！真好！"我由衷地赞叹道，"你竟然还有这么好的鬼点子。"

她的眼睛又灿烂地大放起光明来。脸上也放射出一片红光，夸张地说，把我的房间都照亮了。人也一下子年轻了十岁，不复是往日那个一下班就急急慌慌拎着菜筐，兔子逃命一样奔向农贸市场的家庭妇女。她一屁股坐在我对面，把满肚子的甜水和苦水，像泄洪一样朝我倒来……

D女士的丈夫是她的大学同学，一毕业他们就结婚了。十年来，两人有了一个钢琴八级的优秀儿子，还有安详平静的家庭生活和感情生活。唯一的烦恼，竟是她的丈夫平步青云，火箭似的"嗖嗖嗖"就上去了，现在刚四十岁出头，已经是正局级，还在如日中天地往上升。按说这对一个家庭来说不是好事吗？可是D女士比她丈夫大两岁，年轻时不显，四十岁以后却日益冬是冬，夏是夏，越来越两极分化，以至于在社交场合，竟频繁地被错认。虽说不管别人怎么看，他们自己现在是风平浪静，如海面上一片温柔的阳光，可这到底成了她的一块心病。她曾屡次对我说过她的担忧，说她为了守住他，连油瓶子倒了也不用他去扶。可是她这么做又实在很矛盾，不知这是在加重还是减轻她的危险？

现在，D女士神采飞扬地说，昨天她之所以非要选择贵宾楼，花了很奢侈的冤枉钱，主要的用意，就是想选择一个不寻常的环境，跟丈夫恳谈这块心病，让他一辈子都记住这次谈话。她敞开心扉地说了，说这些年来，为了成全他，她完全泯灭了自我，连从小热爱的文学创作都丢了。因此，她对他说："你可得有良心，可别将来官做大了，跟我的距离大了，就嫌弃我……"自然，她丈夫立即瞪圆眼睛，反驳说："你怎么老是胡思乱想？你就放心吧，我永远也不会抛弃你！"

这就是D女士今天这么漂亮、这么年轻、这么幸福的原因所在。

我也陪她笑了起来。很赞同她这种具有现代观念的、既开诚布公又单刀直入，还很温馨浪漫的谈话方式。

可是亲爱的读者们，特别是女同胞们，要是换了你们，是不是还有另外一席话，也要跟她再说一说呢？

是的，我说了。我说的是："我要是你，今天一回家就开始做几件事：第一，你不是已经辛苦了六年，天天带着儿子学琴、练琴吗？今晚，你就开始自己也学着弹起来，每天半小时，坚持弹下去，再过六年，你即使达不到八级，怎么也可以达到四级了吧？第二，把你过去发表过的文章找出来，重读一遍，然后马上恢复文学写作。这第一篇文章，就把你昨天的经历和感受写出来，肯定是一篇感人至深的好散文。从此，你就一发不可收。第三，把你过去的日记本找出来，重新恢复写日记。要是怕坚持不下来，就和儿子订个君子协定，你带着他写，或者他带着你写，互相监督，你们二人共同进步。第四，今晚 8 点半，拉上你先生，去散步也好，跑步也好，跳绳也好，打太极拳也好，反正就是体育锻炼吧，坚持把这个节目搞下去。第五，恢复你的社交活动。过去你能歌善舞，多么活跃，现在你心灵枯竭得只有丈夫儿子、萝卜白菜，长此以往，你能指望他不嫌弃你？第六，等到星期六，你们全家到颐和园去踏一次青，在佛香阁上或是在知春亭里，你召开一个家庭会议，告诉丈夫和儿子，你想换一种活法了，希望取得他们的理解和支持。他们不会不支持的。那么，好，你就给他们各自分配一些家务劳动，比如丈夫负责刷碗，儿子负责倒垃圾之类。下次谁再把油瓶碰倒了，对不起，就是油都流光了，你也让他们自己去扶。天塌不下来，这个家是你的，也是他们的……"

D 女士像雕塑一样凝固了。她是在回忆做女儿时的快乐时光，还是在前瞻今后岁月的自身形象？我想了想，起身抽出一本书，翻开，轻轻地放到她眼前。那上面有拿破仑元帅的一句话："人多不足以依赖，要生存，只有靠自己。"

精彩
—赏析——

　　作者用细腻的笔触，描写了一大早女友D因为请丈夫吃饭而神采奕奕的样子，原因是D自结婚以来把更多的时间与精力用在家庭上，眼看着丈夫事业如日中天而自己越来越平庸，害怕被抛弃，于是决定跟丈夫开诚布公地交谈，解决这块心病。作者在表达赞赏之余，也直言不讳地给出了建议——她应该把更多的心思用在怎样提高自己，而不是怎样留住丈夫。作者的建议不仅对已婚妇女，对我们每个人都有很大的启发——每个人都是自己人生的主宰者，我们所能依靠的永远是自己，不能把人生的幸福寄托在他人身上。

穿皮大衣的囚徒

🌸 心灵寄语

> 　　高贵的灵魂，不需要华丽的服装来衬托。热爱自然、保护动物，才能彰显一个人的品格。

　　自打买了这件皮大衣起，我就不喜欢它。

　　其实它的质量还是相当好的，式样也很漂亮：两面都可以穿，一面是细细的抛光真皮，黑颜色真显得高雅；另一面是寸长的毛皮，毫锋上闪着缎子一样的光芒，也是纯黑色的。我穿在身上，雍容而不臃肿，长短、肥瘦都恰如其分，没有再合适的了。唯一的不满意，就是它不是真皮毛，而是人造的，显得低档了一些。

　　但是拉我去买的女友说，这个商家要撤摊位回内蒙古过年去了，便宜甩卖，你就当买一件上班穿的工作服吧。

　　我说我这辈子都不买工作服了，工作服穿着不舒服。

　　女友说，就算你帮商家的忙吧，让人家早点儿回家过年。

　　我说现在天天过年。

　　这时销售经理说话了："现在都不穿真皮毛了，不是动物保护吗？您穿这个正合适，一点儿不跌价。"

　　一下子让他说破了，我倒不好意思起来，一时竟哑口无言，掏了钱，回家。

到家以后又后悔，怎么看怎么别扭，扔一边去。

不料，老天竟奇冷起来，一场大雪后，气温"唰"就降到零下十多度去了，可把人冻惨了。我只好把它找了出来，穿着上了两天班，反应很不错，有人还说："这么高级，貂皮的吧？"我心里很受用，渐渐胆子也大起来，一天文学界聚会，我就穿着去了。

在会场门口，恰巧逢着李国文老师。见了我的模样，他嘴巴翕动了一下，像是要说什么，又咽了回去。直到会议结束，我们一起走出来，他忽然说："小蕙，你穿这个，我看不大合适。"

这可碰到我的心尖尖上了。虚荣心使我的脸涨红了，嗫嚅道："这个……确实不怎么……高档……"

国文老师却打断我说："现在可都在提倡保护动物呢。"

我的心一松，但仍藏藏掖掖地说："我这……不是……真毛皮……"

国文老师还不放心，叮嘱说："要是真皮的，我建议你还是不要穿了，影响你的公众形象……"

说来，这还是去年冬天的事。今年，形势更是大变了——

第一天穿着它去上班，刚走出家门口不远，碰到一位熟人，女性，退休干部。招手把我叫住，盯着它说："哎，多不环保啊？"

我一怔，赶紧解释道："不是真皮的。"

她放我走了。

等到了单位门口，碰到一位同事，这回是男的，年轻记者。竟然也瞅着我问："嗬，动物皮？"

我赶紧摇头："不是，不是。"

进电梯时，里面有七八个人，有编辑记者，有行政人员，还有工人。人堆里，又有声音问过来："你这大衣，真皮的？"

我赶紧老老实实说："假的，假的，现在谁还敢穿真皮？"

满电梯的人全笑了。

当我走进文艺部办公室，正有三四位同人在，他们的目光"唰"的向我射来，吓得我赶紧把大衣脱了，一边不打自招地解释道："人造毛，人造毛……"

以后，无论我走到哪儿，无论人家问与不问，我都先行指着它，把这句口头语重复两遍。虽然很辛苦，但是确有必要，国人的环保意识确确实实大为提高了，谁都很直率地批评你，受得了？我美滋滋地想起几年前，曾看到一则来自英国的报道，说是在公众的批评下，皇室成员都不敢穿真皮服装了。记得当时还感慨了半天，心想人家外国就是先进，若中国也做到如此水平，不知得是哪八百年的事？谁承想，这一天竟然说来就来了。我暗暗对自己窃喜道："幸亏你没买真皮，不然，可不真成了穿皮大衣的囚徒？"

精彩 赏析

一件很合身很漂亮的皮大衣，却令作者不喜欢，这给读者带来了悬念，紧接着作者解释了其中缘由，原来是这件皮大衣给自己带来了诸多不便，需要逢人就解释它不是真皮的。作者不禁感叹："幸亏你没买真皮，不然，可不真成了穿皮大衣的囚徒？""穿皮大衣的囚徒"形象地说明了，在今天真皮已经不是炫耀个人财富与品位的穿着，反而会显得一个人缺乏进步思想。通过这件小事，作者揭示出，随着时代的进步，人们的环保意识已经有了很大的提高。这是可喜可贺的现象。

把我的幸福告诉你

> 能够在忙碌的生活和俗世的喧嚣中，偷取片刻的宁静，捧起一本书来读，是一种莫大的幸福。

今年春节，我过了一个幸福的年初一。

"幸福"是什么？于我人到中年的年龄，于我尝遍人生五味子的经历，是早已过了蹦蹦跳跳的童年梦幻阶段，七彩斑斓的少女憧憬阶段，想尽天下好事的青春激情阶段；也过了亦真亦幻的人生自我安慰、自我拔高阶段，冥思苦想、同时又是书斋里面哲学意义上的发问、穷究、探索的阶段。"幸福"对于我，早已不是冬日里镶着金边的晨曦，夏天夜空闪闪烁烁的星斗，天宇中步步祥云的天街，一厢情愿却永远缥缈虚幻的海上仙山，而是稳固的大地，坚挺的高山，和煦的春风，驯服的江河。是风调雨顺的丰收，国泰民安的祥和，琳琅满目的市场，遍地站立的楼房，绿意盎然的环境。是高堂二老的健康长寿，女儿的学习成绩名列前茅，朋友们的发达、欢笑、温馨、忠诚，我自己的工作步步高。还有读书。

是的，读一整天书——在暖洋洋的阳光怀抱里，伏在写字台前，一支红蓝铅笔，一杯香浓的咖啡，捧着一本好书，安安静静地、踏踏实实地、心无旁骛地、不受任何干扰地、什么也不操心什么也不着急什么也不想地读上一整天书。

想一想都心动，这是何等的一种幸福啊！

可惜的是，如今这幸福已经变得很奢侈，很奢侈。

放寒假的第一天，女儿来跟我要书："妈妈，咱家有世界名著吗？语文老师让我们读世界名著。"

我竟是"腾"的跳起身，带着一种受宠若惊的感觉，拉开书柜门，急急地抽取，转身就给女儿抱来一大摞。抚摸着这一大摞老朋友，我不由得回想起自己的少女时代，那时多有闲暇、多有心境、多么幸福呀，曾经痴情地、着迷地、自由自在地、一任自己喜好地、放任自己燃烧、痛哭、悲歌、畅笑地读了多少书！

唉！现在这些书上已经落满了灰尘。

也许是现代生活的节奏加快了，也许是电子时代的信息增多了，也许是工作、学习、就业、住房、环保、医疗、治安、孝敬老人、教育子女、亲善友朋、和睦邻里……诸方面的要求越来越高，我们这些职业女性的生存压力，确乎像滚下喜马拉雅山峰的雪球，越滚越大，越来越沉，甚至不堪重负了。我常常意识到自己竟是身兼七职：一记者、二编辑、三作家、四朋友们的朋友、五父母的女儿、六女儿的母亲，外加第七女儿的家庭教师。我周围的许许多多女友，也都像我一样肩负着三座大山、六条江河、九万里云天。上班的时候，忙——像上了弦的机器人，马不停蹄，分分秒秒不拾闲；下班回到家，继续忙——依然是一只抽得团团转的陀螺，手、脚、脑并用，先照拂柴米油盐，后对付孩子的功课，兼顾缝补浆洗，好不容易等孩子睡着了，赶紧拿出稿子来编，或打开电脑敲上一小会儿，等挨到夜半自己上床时，浑身的骨头早都散了架儿，即使是模是样地捧起一本书，也还没看上两行，脑子里就弥漫起一片云烟……就这么天天复天天，年年复年年，本来不多的知识积累被迅速掏空，人变得苍白、干瘪、空虚、木讷、丧失目标、忘却激情、像一只抽干了的柚子一样没有了任何灵气……

读书，再回到学校里读两年书，不管是读硕士、读博士，还是进修，我一次次找领导要求道。可是最终，领导只是搪塞。

那么，自己读，不上班、不采访、不编稿子、不写文章、不思考问题什么也不干地读上一个礼拜！我痛下决心，我咬牙切齿，我赌咒发誓，我今天期盼明天、明天指望后天、后天安排到下周……可是，当然，这退而求其次的跟自己赌气、或者说是给自己谋一份儿幸福的"壮举"，也如同上不成学一样，成了日复一日的奢望。

不光是我，我敢说99.99%的职业女性都若此。不光是职业女性，我敢说职业男性们也一样"孙悟空逃不出如来佛的手心去"。

这也许是现代人命定要经受的精神渊薮？外面的雷声、电光、云色、霞彩太多太多，大饭店、大商城、娱乐宫，进口大片、网络电影……就像旋风般冲杀过来的哥萨克骑兵，不由分说、漫天动地、滚滚而来；内心里的焦灼、浮躁、寂寞、失落亦太多太多，似乎只有用歌厅、舞场、游戏机、打麻将来填充多余的生命。那一份份古典主义的浪漫情怀呢？那一曲曲月光下的小夜曲呢？那一个个高雅温馨的文艺沙龙呢？那一部部大师们用生命留下的、记录着人类文明脚迹的世界名著呢？

还有人记起吗？

还有人企图找寻回来吗？

这么想问题，也许我已经成为一只过时的古钟了？不意那天与梁晓声谈天，他竟也告诉我，读书，亦是他时时巴望的一种幸福。

他慢条斯理地说："有时,我真想告诉那些无所事事的朋友们,去享受一下读书的幸福吧。"

就是这一次谈话,使我下了决心:大年初一什么也不干,读一整天书!

为了实现这份儿决心,年三十晚上,一吃过年夜饭,我就念叨着:"做了也就做了,读了也就读了。"把要读的几本书置放在案头,它们有的是久已准备读的,有的是没读完的,有的是粗翻过还想细品的,书名如下:

《外国人的中国观》([美]亚瑟·亨·史密斯著)

《中国人》[全译本](林语堂著)

《中国的崛起》([美]威廉·奥弗霍尔特著)

《二十世纪文史哲名著精义》[上下卷]

《传统智慧再发现》[上下卷](王树人等著)

《自私的基因》([美]理查德·道金斯著)

《押沙龙!押沙龙!》([美]威廉·福克纳著)

《霍乱时期的爱情》([哥伦比亚]加西亚·马尔克斯著)

《偶发空缺》([英]J.K.罗琳著)

……

哎呀呀,糟了,糟了,糟了,仅仅一天时间,这么多神位,怎么拜得完?!

欠账欠得太多了!

一大早,阳光灿烂,流泻如金。人们都还在熟睡。唯有两只红嘴红颈红脚、黑脑门、黑眼圈、黑尾巴,全身羽毛如同蓝缎子一样漂亮的鸟儿，一跳一跳地在窗外的树枝上鸣叫。莫非它也知道今天过年？我一骨碌爬起身，觉得体轻如燕、神清气爽，赶紧洗漱完毕，旋即端坐在书桌前，翻开了第一本书。

心中的感觉竟有些奇特：不光是享受幸福，还好像进入了一个人生新阶段……

精彩
— 赏析 —

文中讲述了作者作为一位步入中年的人所承担的各种各样的社会角色，这些角色使她被生活的琐碎所淹没，没有时间读书、学习，灵魂也变得越来越荒芜。对于她来说，能够安安静静地读上一整天书，已经是一种十分奢侈的事了，更无法和校园中专注于学习的学生相比，甚至挤出一天的空闲时间用来读书也成了一种"壮举"，当作者终于在大年初一那天有时间读书了，那幸福的感觉难以言表，阳光似乎也更加灿烂、鸟儿似乎也更加美丽了。

▶预测演练二

1.阅读《雷鸣的瓦》，回答下列问题。（9分）

（1）第一段与第二段中，面对古寺中的一块瓦，作者与贾平凹的看法有何不同？（2分）

_____

_____

（2）面对瓦的消逝，许多"有识之士"想出了各种办法延续"瓦文化"，比如建造"瓦库"，开办瓦的研讨会，对这一现象，作者是怎样的态度？（3分）

_____

_____

（3）文章结束时，作者引用了屈原的诗，这段话表现出屈原对瓦怎样的评价？为什么作者认为这种观点应当被纠正？（4分）

_____

_____

2.阅读《把我的幸福告诉你》，回答下列问题。（10分）

（1）读完全文，请你用自己的话也给"幸福"下一个定义。（3分）

_____

_____

（2）本文主要运用了哪些论证方法？试分别举例说明。（4分）

_____

_____

（3）请联系现实生活，谈谈你对幸福的理解。（3分）

_____

_____

3. 写作训练。（60分）

生活中有很多常见的事物，却不常引起人们的注意，然而换一个角度去观察和思考，就会给我们带来新的启迪，引起我们对生活、对社会新的思考。学习与进步不光要靠读书，也要靠对日常生活的观察与感悟。

阅读《雷鸣的瓦》，讲述一个你对日常生活中常见之物的观察，这样的观察带给你怎样不同的感悟与新的认识？文体不限，字数 600~1000。

布衣大儒张中行

🌸 **心灵寄语**

> 所谓"大儒"，不仅学问渊博、著作等身，而且无论在什么时候，都能坚持一个知识分子的操守，以自身的修养与境界，为时代、为国家留下一笔宝贵的文化财富。

北京的倒春寒是相当可怕的，夜间的气温再度跌破冰点。2月24日丑时，正在北京305医院安睡的张中行先生突然呼吸急促，心率急剧衰竭，经过30多分钟的紧急抢救，终未能把老人从死亡线上挽回。2：40分，一代宿儒驾鹤西去，享年九十八岁（虚岁）。

消息迅速在我国学界、教育界传开，老中青三代学人，还有他的万千读者，无不凄然动容。

1. 在305医院的最后一次见面

张中行先生是去年9月8日住进305医院的。1909年就来到了这个世界上，风风雨雨九十七载，年纪确实太大了，精神和体力都渐渐式微。特别是心脏，时不时的就要闹上一点事；昔日顺从的胃口也不愿听招呼了，什么美味都不想碰。但是，老人的生命之火在极其顽强地燃烧着，只要精神稍好，他就要求坐起来，有时还下床挪坐到沙发上，强迫自己锻炼。

去年9月29日傍晚，我走过静静的走廊，到病房去看望张先生。他刚小睡起来，精神健旺。我看着站在旁边的张老女儿女婿们，不由羡慕地问："您家三代一共出了8个北大人，真是了不起。他们是受您的影响吧？"张先生神清语明地回答："他们是受社会的影响，北大的名气太大。"我问他对自己的一生满意吗？张先生没有正面回答，只是遗憾地说："我现在就是在糟蹋粮食了。"

话题说到了国家大事，刚刚结束的"庆祝抗战胜利60周年"系列活动。作为亲历抗战的文化老人，1931年"九一八事变"发生时，张先生参加过北大学生请愿团，到南京抗议国民党政府的不抵抗政策；1937年"七七事变"爆发后，当听说他的老师周作人为日寇做事的传闻，一向温和的张先生马上动笔给周写信，言辞激愤地加以劝阻。我问："您觉得一个文人最重要的是什么？"张先生想了一想，用足力气说："思想最重要。"停了一会儿，又加了一句："有了思想才有别的。"后来，又在我的本子上，写下了"思想最重要"5个大字。

临别时，我祝愿张先生健康长寿，尽量"努力加餐饭"。张先生却又一次带着自责说："唉，我光是糟蹋粮食了。"

我的鼻子酸了。不由想起另一位也在住院的大儒季羡林先生，也曾经多次要求说："别再给我用好药了，我是光消费不生产的人了，没什么使用价值了。"季先生曾经称赞张先生是"高人、逸人、至人、超人。淡泊宁静，不慕荣利，淳朴无华，待人以诚"。其实，他们两位都是这样高尚的君子，一生只是想着奉献，为社会和别人做事，从来没把自己当作名人而居功自傲；当他们老了、做不动了，便觉得是给社会添了负担而满心歉疚——比起那些贪得无厌地捞权捞名捞钱、总觉得世界亏待了他们的利欲熏心之徒，两位大儒真是两座高山啊！

2. 他的离去结束了一个时代

张中行先生是真正学贯中西的大家，其对语言、文学、哲学、宗教、历史、戏剧、文物、书法……的学识之渊博，文化界早有公论，还流传着不少故事。让我一辈子难忘的，是我亲历的一件事：

那是 1992 年的一天，我们在人民教育出版社办公室里和老人聊天。忽然门帘一挑，有几位外地的先生慕名寻来，拿出一方砚台，请张先生法眼加以鉴定。但见那是一块 24 开书大小的黑墨板，闪着黑亮黑亮的光，砚面空空，上面什么字迹和印痕都没有，真可以说是无字天书。我看那东西实在是太新了，心里有点不以为然。只见张先生随手接过来，只几瞄，心里就有了底，嘴上却谦虚地说："我老眼昏花，看得不一定准啊。要叫我说，这是清代、乾隆年间、XX 府、XX 坊、XX 砚师做的（怨我才疏学浅，因而没听清楚，好像是说杭州府的什么坊，砚师的名字也说出来了）。"可真是神了，把一屋子人惊得目瞪口呆！这才叫作真本事，堪称大家，难怪已故著名学者吴祖光曾说："我那点学问纯粹是蒙事，张中行先生那才是真学问。"

可是，张先生却永远认为自己太不够了，老是说："我这辈子学问太浅，让高明人笑话。"当别人摇头时，他便极认真地解释："可不是吗？要是王国维先生评为一级教授，那么二级没人能当之。勉强有几位能评上三级，也轮不上我。"

20 世纪 80 年代，化雨的春风将改革开放的信息吹向祖国大地。随着社会政治的逐渐清明，已到古稀之年的张中行先生亦老树发新芽，开始了散文随笔的创作。这一写竟如大河开冻，滚滚滔滔，流出了"负暄三话"为代表的上百万字文章，一时举国上下，书店书摊，到处摆着张中行著作，国人争读，影响巨大，甚至在一定程度上引发了民众重读古典和"五四"文学经典的热情。著名作家、藏书家姜德明先生说："张先生的代表作'负暄三话'对当代散文深有影响，扩大了散文天地，开阔了读者眼界，提高了人们的鉴赏和写作水平，是功不可没的，值得后人永远珍视。"

然而张先生绝不只是一位面壁书斋的学者，他对世界、对社会、对政治，有着一位正直知识分子的深刻思考。每每说到激愤处，他也会像慷慨悲歌的燕赵之士，激动高声，声震屋瓦。张先生自己，从来自称是罗素"怀疑主义"和康德"理性主义"的混血儿，一生不盲从，凡事存怀疑，处事态度虽不激烈，但也不顺从，即使在"文革"中，在那极端残酷的外力压迫下，也没停止过属于自己的思考，不说违背良心的话。

我永远忘不了 1998 年初夏时节，阅读张先生随笔《谈天二题》时内心扬起的风暴：该文有如晴天霹雳，对"'天行健，君子以自强不息'乃中国人的精神和中国文化的重要组成部分"这一经典说法，提出了"不能同意"。他质疑道，假若天不行健，怎能只求君子自强？君子又如何能做到自强？语气虽然还是一贯的平和口吻，却犹如出鞘的宝剑，寒光一闪而亮彻天下，不知怎的使我联想起喜马拉雅山的雪崩，待风暴止息，再看那银装素裹，已不是旧时相识。好文章就具有这样的力量，能把一种深刻的震撼，从你心底里一直传达到每一根神经末梢，使你情不自禁地叹息出一个"好"字来。这样的文章读过，你就放不下思也放不下想，举一而反三百、三千、三万，甚至直到在世界观和方法论上都有所改变，换了一副全新的眼光看寰宇。

北京文联研究部主任张恬女士评价："张中行先生的文人气质有承接传统的一面，但比起传统的学者散文，他却多了思考，且不乏真知灼见。他的离去，似乎结束了一个时代。"

3. 伟大中华民族文化的精英

在中国文化界，张中行先生被称为"布衣学者"。他出身农家，一生始终保持着平民知识分子本色，不贪热闹，不慕名利，不钻官场，不经营自己。他打从心底里把自己看得普普通通，自道"我乃街头巷尾的常人"。

秉承着知识分子的传统美德，他首先把"修身"看得无比重要，把坚持高尚人格作为对自己的基本要求。记得还是那天在他的办公室里，忽然翩翩进来一位五十多岁的男士，朗声问道："请您写的序，完成了吗？"张先生也不搭话，一猫腰，从桌子底下取出一厚摞书稿，递了过去，这才吭声："还是还给你吧，这序我写不了。"等那人走后，张先生语音平和但口气坚决地说："这是一个大人物的书，托此公送给我，以为我一定写。我呀，能写也不写，人物再大，干了那么多坏事，叫我吹捧他？我才不出卖良心呢！"

对于同事、朋友、百姓，张先生则善良、友爱、至慈至和、大仁大德。张家女儿们讲起了一件早年的事：一位同事的钱被偷了，多少日都难过得缓不过来。张先生见之，大动恻隐之心，竟拿出被盗钱数的一半交到他手里，安慰说，这钱就算是咱俩被偷了。他还带着感情，把胡同间阎的普通百姓写进他的散文里，如《银闸人物》《孙毓敏》《凌大嫂》等，赞同他们一生信奉的"劳动，吃苦，为别人，是天经地义"的人生哲学，赞美他们坚强，勤奋，忠于自己热爱的事业，"有殉道似的献身精神"。

正因为如此，张先生有着很多崇拜者，后来竟至成为他的挚友。中国人民解放军总参原兵种部政委田永清将军说："在十几年的交往中，知识渊博、人品高尚的张老给了我极多的教益。我感到现在有些人是有知识没文化更缺乏道德，而张老身上处处体现着中国传统知识分子的美德。"孙健民将军说："虽然张老是文人，我是军人，但他的确感召着我，也感召着我们部队的许多干部和战士。我们不但学他的文章，也跟他学怎样做人。"

说到做人，《读书》杂志资深编辑吴彬女士说："张先生做人的精到之处，在于他真正体悟到了'顺生'二字，第一顺其自然的生命规律，淡泊名利，不跟自己较劲；第二顺从内心的道德律令，不做违背良心的事，不与别人为难。这是他能长寿的重要原因，这也是中国传统文化的精髓。"

全国政协委员、香港美术家协会主席吴欢也由张先生的逝去，说到了中国传统文化的承继问题："张先生把一生都献给了中国文化，对这样一位文化老人的去世，应该引起年轻人的足够重视。在当前市民文化、网络文化的热闹中，有些人正因为切断了自己与传统文化的联系，才在闹腾中迷失了方向，应该回归对传统的尊重。"

一个人能活到将近百年而受到如此的景仰，念着他的名字与承接传统的话题相衔相接，这个人，是我们伟大中华文化的精英。

精彩
—赏析——

　　本文回忆了刚刚去世的当代大儒张中行先生，作者最后一次在医院与张先生的见面与对话，特别是"唉，我光是糟蹋粮食了"这句话，一下子就勾勒出一个淡泊名利、思想高尚的大学者形象。除了介绍张先生的学术成就，作者也讲述了两件典型的事情——拒绝给大人物的书写序以及慷慨帮助同事，体现出张先生不慕权贵、平等待人的精神。同时，通过引用很多人对他的评价，进一步说明了张先生作为一名传统知识分子的修养与境界，联系当下环境，作者借此表达了期望中华优秀文化能够得以传承与发扬的心愿。

————————

心中的图画

🌸 **心灵寄语**

> 江山代有才人出，那些文化名人如夜空中的星辰一样闪耀，用他们的文字、他们的思想铸就民族的精魂。

一位"乐莫乐兮新相知"的丹青高手，在画界以专攻古代人物画而富盛名，有一天谈得投机了，说是要送我一幅精品："说吧，中国古代人物，你最喜欢谁？我为你好好下点儿功夫。"我兴奋得眼睛一亮，随即却陷入了踌躇。哎呀，这可是个颇费思量的难题！想了半天，终归还是说："我得好好考虑一下。要不，我自己来构思这幅画吧？"

1

最喜欢的古代人物？从女性的角度来说，当然是李清照了。

有一回一群老老少少文友们都在，一位书法家为大家写字。轮到我了，问要什么？我不假思索，脱口而出："生当作人杰，死亦为鬼雄……"

众人皆惊讶，乱纷纷叫道："韩、小、蕙、你、怎、么、搞、的，干、吗、专、要、这、首、词，不、批、准，换、一、首、换、

127

一、首！"

　　我明白，他们的潜台词是：这首词太男性化了，不适合女人呀。我的老师也赶忙出来给我打圆场："依我看还是换'昨夜雨疏风骤'吧，那首更适合于女士，回头用淡青色绫子裱上，挂在你的客厅里，好看得很。"

　　我不愿意换。虽然我也心醉"帘卷西风，人比黄花瘦"，"才下眉头，却上心头"，"梧桐更兼细雨，到黄昏、点点滴滴"这些丽句——婉约的李清照可真是千古第一女词人，一支秀笔表达了半壁江山，把女人们的万种柔情都写尽了。我曾想，若女人们没有了李清照，就等于大地上没有了源头活水，女人们可是水做的呀。然而尽管如此，我也还是经常喜欢念一念"至今思项羽，不肯过江东"，还有"九万里风鹏正举。风休住。篷舟吹取三山去"。你听听，豪放的李清照，又是多么胸襟开阔、大气磅礴，真正称得上是如椽巨笔，笔底走风雷。我也曾想，若历史没有了李清照，就等于天空底下没有了山脉，而人类是需要高度的啊！

　　如此，就心心念念，看见李词，就眼睛一亮、就亲切、就兴奋、就激昂、就像见到老朋友，就有了一种莫名的归属感。

　　可惜的是，我已经有了两幅《李清照图》，但这两幅又都不是我心目中的李清照。一幅是满地黄花中立着一位佳人，非常俊俏，非常美丽，可她是一位"过尽千帆皆不是"的红楼少妇，而不是"学诗漫有惊人句"的伟大词人。另一幅是莽莽青山为背景的苍茫大地上，立着一个仓皇四顾的女人，最让人不能接受的是她的眼睛，两个蛤蟆似的眼圈里，有一对滴溜溜乱转的绿豆眼，用我们报社一位画家的话说："这个女人满脸鬼气，哪儿是李清照？！"他很愤慨，认为："画家不能为了追求独特，就打着创新的名义不负责任地乱画，就像你们作家写文章一样，必须遵守某些文字规则嘛。"

他说得对，我很同意。可是李清照到底应该是什么样子的呢？

"一千个读者心目当中，有着一千个哈姆雷特"，每个画家的笔下，自然李清照也都并不雷同。女儿的初中语文课本上，有一幅是古人画的传统的单线条勾勒笔法，画得很呆板，使伟大的易安居士显得很老相，一点儿也不漂亮，一点儿都不潇洒、不风流、不才华横溢、不楚楚动人、不像千古才女，"雁字回时，月满西楼"是绝对与之不搭界的。不过这幅画的优点是中肯，有书卷气，有大家风范，不像现代画家们，凭空把千古第一女词人画成嫦娥、婵娟、西施、赵飞燕、杨玉环等大美女转世，词人就是词人，文学家就是文学家，虽然我们都希望女作家们个个都是既有生花妙笔之才，又有闭月羞花美貌的天仙女。

我不敢再要李清照了，因为我也想不清楚，究竟怎样描画，才能表达出这位千古绝唱的女性文学大家？

2

那么第二位人选应该是谁呢，我又陷入踌躇了。

蔡文姬？不，虽然她的《胡笳十八拍》也是传世之作，但可惜年代太久远了，面孔已经有点儿模糊不清。

王昭君？不，尽管众多老戏新剧都把她塑造成一位有胆有识的女中豪杰，还有文化、有文才、有胆识、有骨气，还美丽动人、气质可人，可是她终归不是知识女性，终归登不上文庙的大雅之堂。

林黛玉？不，一部《红楼梦》写得再好、再传神，我也总是喜欢不来林黛玉，她太爱使小性子了，太敏感、太尖刻、太爱伤人、太极端化、太顾影自怜、太愤世嫉俗。跟人过不去其实就是跟她自己过不去，结果必然是早早亡殁。

其他呢，够档次的就更没有了，不是女皇、娘娘、嫔妃，就是梨园优伶，或者青楼名妓。光一个个美人胚子，内心里苍白肤浅没有一点儿波澜，早让知识女性们挥挥手全给"PASS"（淘汰出局）了。

外国的倒是还有几位。比如英国女作家夏绿蒂·伯朗特，我十八岁在工厂做工时读她的《简·爱》，人整个儿地昏热了两个礼拜，才第一次明白了文学具有怎样翻江倒海的力量，它简直是能要人命啊——当然，我说的也是能给人以生命。从那以后，我只敢把简·爱小姐深深地关在心海的蓬莱仙境，轻易不敢再去探望，直到大学毕业写毕业论文时，才又重读，果然再一次被那天火一般的文字击中。我的脑子里，就此牢牢形成了一幅画面，后来沉积了多年以后，终于被我在一篇散文里描述了出来：

像倔强的简·爱一样，你犹如一支离弦的箭，头也不回地逃离罗契斯特，孤苦伶仃地跋涉在无望的荒野上。一场天火正在熊熊燃烧，红色的火云逐渐式微，黑得发狂的乌云乘机大举进逼，勾画成一幅惊心动魄的《天柱欲折图》。俯首下望，干涸的大地裂开一道道黑深的伤口，绿树、红花、飞禽、走兽，象征生命的存在遍寻无着，只有枯黄的芦苇在狂风的撕扯中呼号。然而，你已全然失去了感觉，你的心在淌血，身后留下大朵大朵的血花。

你终于顽强地站定了。头颅高高扬起，双手伸向东天，像一尊想要拥抱太阳的神像。你捧起一大把无名的野花，

它们的花瓣很小，形状圆而普通，颜色也不浓烈，只是淡
淡的素白，然而从它们小小的身体里，释放出浓烈的香气，
你把它们的浓香撒向大地……"

我相信，这幅《天柱欲折图》，绝对是一幅惊世骇俗的杰作。
可惜的是我自己不会画，而那位丹青高手限制我的，又只能是中国
古典人物。那么，只好寻找男性了。

3

毋须说，男性第一人当首推屈原大夫。

老百姓没有不知道屈原的，这是年年端午节吃粽子时的话题。
我呢，居然是端午节丑时降生的，从小就把屈大夫熟稔得如同家
里人。上大学，读古典文学课时，我又居然天天早上6点钟即起床
来，跑到走廊里去背《离骚》，后来放寒假回北京，到北大去看朋友，
说来就是今天以写相声和电视剧出大名的梁左，互相交流授课情况，
梁左不大相信我能把《离骚》全篇背下来，非让我背背，我脱口
而出：

帝高阳之苗裔兮，朕皇考曰伯庸。
摄提贞于孟陬兮，惟庚寅吾以降。
皇览揆余初度兮，肇锡余以嘉名，
名余曰正则兮，字余曰灵均。

当然，上大学时我已经二十四岁，没有童子功的记忆优势了，

所以到今天，《山鬼》还能记个八九，《离骚》也就能记得开头和"路漫漫其修远兮，吾将上下而求索"等一些名句。但是对屈原，我一直敬佩有加，不但作为文学家来学习，也作为人生楷模来模仿。在家里挂一幅屈原像，当然是求之不得。

然而坦率说，到现在，我还没有寻找到一幅能够深深打动我的屈原像。美术馆的画展倒是看过不少，个人作品集也读过多本，却总觉得他们都把屈原画得太现代，三闾大夫就像那出现代人写的著名话剧里一样，一点儿也不像战国时代的贵族大夫，像是李玉和一类的高大全式的英雄人物，让人打心眼儿里不认同，怎么也喜欢不起来。

这么多年，看过来看过去，找过来找过去，还就是《楚辞集注》上那幅《屈子行路图》较好：清癯瘦削的屈原上身微微前倾，急匆匆走在一条前途渺不可知的小路上，脸上的表情是苦涩的、苍老的、忧郁的，一看就能想象出他的人生苦难和无路可走的悲凉心情。

有心求人给仿绘这一幅吧，又犹豫者再，怕伤了人家画家的自尊心，这不等于是说人家画得不如古人好吗——将心比心，要是有人让我们当作家的抄一篇别人的作品送给他，不也是打我们的耳光吗？

还有一点也很重要，若真的在家里挂上这么一幅苦兮兮的图画，会不会给女儿带来一种精神压力呢？女儿十四岁，还小，我总是期望她的小心眼儿里装满欢乐，可别过早地尝到生活的苦酒，所以时时处处，我总是尽可能地用自己的翅膀护着她，尽量避免使她受到伤害。也许我是太迂腐了，但生命确实是神圣的，不管多么艰难，也都要顽韧地坚持下去，祖祖辈辈，代代年年！

4

于是，我眼前浮现出另一位伟大的文学家——苏东坡。

近年来，随着年龄和阅历的一天天增加，我对苏东坡的钦佩与日俱增，这大概源于对他的识认一分分的有了提高。少年时，喜欢慷慨激昂地高歌"大江东去，浪淘尽，千古风流人物"，也喜欢是模是样地低吟"但愿人长久，千里共婵娟"，可分明一点儿也不理解这些千古名句的骨血之中所隐含的沉郁顿挫之气。那时的我还太年轻，更多只是把苏轼作为一个大文学家，做着单纯的诗词文赋层面的崇拜。现在呢，再用不着"为赋新诗强说愁"了，我已然明白了风声里的道理，浪花淘尽英雄呀。

苏东坡的一生比屈原更令人心碎，可以说，他活得更曲折、更坎坷、更艰辛、更沉郁、更委屈、更悲愤、更无路可走、更无家可归，亦更高处不胜寒。我到的地方不是很多，但曾在徐州、杭州、山东蓬莱阁、惠州、天之涯海之角的海南岛……一再地看到东坡居士的遗迹、遗存、纪念馆等等。刚开始还没什么太尖锐的感觉，只是一般性地瞻仰一遍，感叹着他漂亮的书法，吟诵两首他的词作，可后来却渐渐地觉得不对头了：怎么苏公的足迹竟到了这么多的地方？

直至走上了惠州和海南的土地，听到了关于瘴气的可怕传说才全然明白了这是因为苏公被一贬再贬之故。心里慢慢地灌满了铅，为这位天才的大文豪无泪悲哭。苏轼虽然活了六十六岁，在古人来说不算寡寿了，但没有谁是这样令人心惊地被一群宵小追杀、诋毁，死死咬住不松口，虽无罪却遭一贬再贬，一直贬到疆域尽头再无可贬之域！世人都道苏东坡豁达，然而再豁然之人，也是血肉之躯，心都是肉做的一颗，以东坡之旷世奇才，岂不比常人有着更多悲思更多忿詈？就说他上面的两首名词，今人读起来激昂豪迈，缠绵悱恻，其原意却已被大多数人忘却：写"大江东去"时，东坡正因为"乌台诗案"被捕入狱，被严刑残害，差点儿被杀头，终被贬谪黄州之际，他所抒发的，不是想要建功立业的宏图大志，而是抱负不得实现的悲酸；写"明月几时有"时，东坡离京宦游已有好几年，迢迢行路上，更尝到丧妻别子之痛，形单影只，茕茕孑立，"千里共婵娟"根本不是浪漫主义的歌吟，而是一种渺不可得的祈盼。

尽管如此，苏东坡毕竟是苏东坡，他比柳咏、温庭筠、王维、李贺、李商隐、李白等纯粹的文人才子型作家更让人钦敬的是他的济世胸怀。相传他南贬惠州后，有一次拍着自己的肚子问周围人，里面装的是什么？有人说是文章，他摇头不语；有人说是诗书，他沉默不答。直到一直追随他不离左右的红颜知己朝云说出是"满肚子不合时宜"时，东坡才拊掌拍腿，呵呵大笑不已。这就是苏公的境界，他无论是显在高庙之堂，还是退居湖泊草泽，心中所念的，都不是一己的功名、文名、进身、退身和显达，而是江山社稷与经国大业，套用今天的话说，他的写作动机在朗朗乾坤，而不在官场、商场、名利场，不在家庙和功名簿。

我虽是东坡身后已千年、万万景仰众人中的一个普通人，犹如一粒尘埃一般微不足道，但我的荣幸在于，我犹有权利大声说出：苏东坡是后世所有"先天下忧"的文人们存在的依据！

糟糕了，这么一个寄予高远、大气磅礴的苏东坡，要画出他的千古胸怀来，难、难、难呀！

5

我似乎再别无选择了。

这当然并不是说，中国古代形胜地。再无高山大川、大漠原野，不，不是的，恰恰相反，"飞流直下三千尺""燕山雪花大如席""遍地英雄下夕烟"——孔、孟、老、庄、墨，包括司马迁、荆轲、岳飞、杨家将……这些灿若河汉、数也数不清的大智者、大勇者，哪个都叫我高山仰止，心向往之。

正因为奇峰伟峦一重接一重，才致使我无法下决心选定。我真想把他们一个个全画下来，挂满我的整个家。

哦，对了！一道闪电突然划破夜空，我有了主意：不是有画家画过 30 米、50 米、100 米的长卷吗，我能否央求那位丹青高手，也为我画一幅大地一样绵长的伟卷呢？把所有让人尊崇的古代贤人、英雄豪杰——只要他们有一点可取之处的、只要他们为民族为人民做过一点贡献的——全画上。

啊呀呀，还是不……行，为什么？摆不下呀，这么多贤人和豪杰，岂是我那小小房间能挂得下的？再说，这幅画的难度将是多么大啊，再高明的丹青大师，穷其毕生精力，恐怕也难以完成！

唉唉，都怪我的思维方式不对，本来嘛，这样的长卷，只能是心中的图画——守着窗儿，独自得黑，既听不见梧桐细雨点点滴滴，也看不见绿肥红瘦是否依旧，只扎在我的书堆里，一位一位地，细细地描摹大师们……

精彩赏析

　　作者的画家好友要为她画一幅古代名人像，可最终没有画成，这是为什么呢？因为，尽管作者已经仔细挑选出真正心仪的名人，但他们的人格魅力、精神境界，是难以在尺幅之间表现出来的，他们的风采气度也是现代人难以想象的。作者列举出的这些名人，如李清照、屈原、苏东坡等，他们的文学、他们的事迹，早已是千秋佳话，成为中国人心中永恒的灯塔。光有他们的画像是代表不了他们所取得的成就，只有阅读他们留下的文字，领略他们的精神，才是对他们最好的缅怀方式。

────────────

什么是海

🌸 心灵寄语

> 大海以无私的品格为人们提供食物、提供庇护，在潮起潮落间见证着历史的兴衰，在新的时代为人们带来新的机遇。

1

飞机晚点，落到宁波栎社机场时，夜幕已低垂。有些小沮丧，因为是去舟山群岛，本想早些看到海的——对于整天囿于干枯京城里的我来说，大海才是宏大叙事！

汽车在簇新的柏油路上飞驰。我不死心，一次次向窗外张望，却只有黑黝黝，千篇一律。打开车窗，既无风声雨声，也无读书声，我想象：大海已经睡过去？

就这么疑疑惑惑的，忽然就穿进了灯红酒绿之中。人影憧憧，摩肩接踵，路旁是一排排楼宇、商场、街道。我被告诉："到了。"惊愕之间，蠢问："海呢？定海不是岛吗？咱们怎么过来的？……"人家像王熙凤耍弄刘姥姥："亲，从桥上飞过来的哦，侬不晓得中国人的造桥是天下第一吗！"我赶紧自嘲："哎哟，我还以为到了岛上，是海风啊轻轻吹，海浪啊轻轻摇……"

第二天在岛上"长征"，车行东南西北，还是可劲儿在陆地上穿梭，一直未见到海。忍不住又打问，人曰，别说定海这个最大的岛了，即使是周边的好多小岛屿，也都造桥连起来了。"所以，我们也都快忘记自己是在海岛上啦……"

神了！

是，神了。我就没来由地想起一个问题——

什么是海？

2

海是大神波塞冬的舞蹈，是东海龙王的大笑，是妈祖娘娘的花园；

海是宇宙的墨水瓶，是太阳系的黑洞，是天荒地老的智库；

海是横卧的群山，是翻滚的森林，是高举的手臂；

海是时间的舵手，是空间的领袖，是万寿无疆的主宰；

海是闪电的Wi-Fi，是风雨的iPad，是雷暴的Facebook（脸书）；

海是人类的玄幻，是帝王的野心，是民众的梦想；

海是大红的"福"字，是平顺的"寿"字，是笑盈盈的"喜"字；

海是父兄的胸膛，是妻女的柔肠，是游子的眷恋；

海是勤奋的双手，是奔驰的高铁，是冲上蓝天的C919；

海是奋斗的目标，是励志的课堂，是激情的泊地；

海是智慧的集合，是意识的闪光，是思想者的家乡；

海是歌德的诗句，是欧·亨利的小说，是莎士比亚的戏剧；

海是艺术的思念，是绘画的牵挂，是雕塑的守望；

海是"大"的神显，是"小"的形象，是无垠的知白守黑；

海是一代代的激情，是年轮的能量，是古往今来的热泪盈眶；

海是梦断的忧郁，是悲涕的扼腕，是千年的一声叹息；

海是水中月，是镜中花，是心无挂碍的企盼；

海是命运的大网，是多舛的坎坷，是大自然的曲曲折折；

海是重启的电脑，是光量子计算机，是创新的充电基地；

海是苦够了八十一难仍不回头的刚毅男人，是尝遍了酸甜苦辣仍不退缩的顽韧女子；

海是涅槃的火凤凰！

3

对于生活在舟山群岛上的定海人来说，海是他们的全息宇宙。每天天光未亮，金塘岛、大鹏岛、长峙岛、长白岛……勤劳的耕海人就精精神神地起身了。一年365日，一万年365万天，从马岙镇走出原始人开始，定海人用耕种、造屋、编织、养殖、加工、旅游招商乃至海防、边防，迎接着红日冉冉升起！

海是他们的衣食父母。"普渔6003号"是一艘近海作业船，两百多吨，张军磊船长带着他的二十多名船员，每年有六至七个月闯荡在北太平洋的滚滚波涛上。七级巨浪劈上船头的时候，他们也手不抖，心不慌——这不就是在耕海吗？只要你劈波斩浪，精心侍弄，海田里自会长出银灿灿的鱼谷、鱼麦、鱼瓜、鱼菜、鱼水果、鱼薯类……还会开出四时不断的鱼梅花、鱼迎春、鱼玉兰、鱼玫瑰、鱼含笑、鱼牡丹、鱼红掌、鱼仙客来、鱼倒挂金钟……呢！

海是他们的梦里故乡。"浙普远98号"，陆亨辉船长驾着他那九百吨的远洋捕捞船，铿锵出港了！一面鲜红的五星红旗，在雪白浪花的翻腾中惊艳飘舞，三十多名船员眼里噙满泪花。这一去就是两年！目标——南太平洋和大西洋！猎物——赤道鱿鱼、秘鲁鱿鱼、阿根廷鱿鱼！理想——豁出去苦上两年，挣个几十万，回老家盖房子、娶媳妇！阵势——我国常年有两百多艘这样的捕鱼船，在那片远离祖国的公海上作业！

海是他们的身家性命。悠久的渔业历史，浓郁的渔业文化，千百年来锻造出一代代果敢而乐观的闯海人。黄鱼、带鱼、鲷鱼、鲈鱼、石斑鱼……尤其舟山是中国主要的鱿鱼集散地，鱿钓产量竟然占到全世界的10%！你道鱿鱼是怎么打捞上来的吗？不是下大网捕，而是靠人的一双手又一双手，一条一条钓上来的！

海是他们的传奇故事。作为中国的东大门，点点岛屿，片片征帆，袅袅炊烟，张张脸庞，左手右手，曾写下多少可歌可泣，曾传出多少威武雄壮，曾创造了多少辉煌灿烂！史前和新石器遗址文化，古代海防和近现代抗战历史，佛家和道家的神秘传说，古村落建筑和渔民画，海运商贸和闭关锁国，改革开放和一带一路……把哪一个册页展开，都像奔腾不息的排浪一样，精彩难具陈！

海是他们的铜墙铁壁。一百多年前的战败与耻辱，淌血的伤痕犹存，却再也不会重演了。涛声只是一遍遍地讲述着同一天捐躯的三位总兵王锡朋、郑国鸿、葛云飞，不复有悲号，不复有哀叹，不复有弯腰摧眉，不复有银牙咬碎——因为整个民族已经巍然耸立。定海人热爱和平，但为了保卫祖祖辈辈的家乡，他们也绝不再忍气吞声，眼睁睁看着强盗来中华的大海上横行！

海是他们永久的起跑线。随着我国首个以海洋经济为主题的国家级新区的获批，舟山群岛新区挺胸昂首，走在了中国海洋战略的前沿。也就短短一瞬的两千多天过去，在定海古老的海岸边，已经屹立起国家远洋渔业基地、太平洋海洋工程等一大批企业；然后，国家级的中澳现代产业园也已完成规划，进入实施阶段。当大屏幕"哐！哐！哐！哐！……"推演着画面，把一座将建成的现代化、国际化、创新化、电子化的，无比豪华、亮丽、高端的滨海新城推到我们眼前时，我兴奋得站都站不直了，只感到海风是真的在可劲儿吹，海浪是真的在摇啊摇！

4

我曾看过法国导演雅克·贝汉和雅克·克鲁奥德联合执导的大型纪录片《海洋》。我当然醉心于大鱼群那种电光火石般聚、散、开、合的大奇美，可最让我刻骨铭心和椎心泣血的一个问题是：若是有一天，当人类将海洋里的鱼都捕尽了以后，怎么办？！

在长白岛后岸余家古村，望着远远在海面上漂浮的养殖网箱，这一阵忧郁又袭上心头。我忍不住把这心思剖给春祥弟听。

陆春祥，虽非舟山定海人，却也是多海岛的浙江之子。加上聪明透亮，修养亦高上，淡然一笑，百分之百地说："不会的！海多大啊，约占地球表面积的71%呢，三百年也捕不完的。"见我犹疑不语，他又眨着那双智多星般的眼睛说："三百年后，我相信人类早就研制出代食品了……"

心愿如此！海晏河清！

精彩
—赏析——

　　作者迫不及待地想要见到海，并且写了一段诗来歌颂海，可见作者是多么热爱大海！文中细致地描写了渔民出海捕鱼的盛况，大海为周边的渔民无私地馈赠各类资源，为人们提供了生活保障，上演了一个又一个保家卫国的感人故事，孕育出丰富的地域文化，在封闭与开放的过程中见证了民族的发展。在新的时代，海洋提供了新的经济发展动力，催生了美丽繁华的海滨城市。在文章结尾，作者表达了对渔业资源枯竭和海洋安全问题的担忧，并祝愿我们能够永远享有一片平静美好的大海。

_____

英伦的雨

🌸 心灵寄语

> 雨水，滋润着大地，给我们带来鲜花与芳草，带来清凉与湿润，也给我们带来阴霾与忧郁，这些都是大自然的礼物。

每天一大早起来，我就赶紧奔到窗前，掀起窗帘，急不可待地看看外面有没有灿烂的阳光。

英国的雨水太多了，每天下雨是正常，不下雨是奇迹，出太阳是上天的恩赐。

而且，英国的雨，脾气还特别怪异，简直像互联网上的舆论一样变得骤快，又像某些调查公司的数据一样喜怒无常。明明刚才还是水蓝水蓝的大晴天，当头停着羊羔一般可爱的白云，可是一回身工夫，水蓝水蓝不见了，纯洁的羊羔变成厚颜无耻的大灰狼，"哗哗哗"的雨就下来了。等你急急忙忙从包里拽出伞，慌慌张张撑开，还没有来得及举好，雨又连一声"拜拜"都不招呼，扬长而去了。

所以，你只能永远给英国的天气投"不信任"票。有一天早上，我看到万里无云，金黄色的阳光覆盖了所有目力所及的地方，真的是不但明媚了整个物质世界，简直连人的心灵都照亮了。于是，我就叫女儿赶快开启洗衣机，把几天的衣服"哐啷哐啷"都洗了。我这边赶紧在院子里拴绳子、找衣架，随后就都晾了出去。太阳还挺好，风儿也配合，一阵阵地把衣服吹得像旗帜一般高高飘扬，让人看着心里真舒畅！可是全然没想到，还没美上十分钟呢，大灰狼们就从四面八方攻上来了，还没等我研究完雨是否会下来，急急的大雨点就箭一样射在头上了。我又赶紧行动，呼哧带喘地把十几件衣服抢救到屋里。谁知，等我刚刚安置好，大灰狼们又跑走了，太阳又重新占领了失而复得的领地，风儿也又回来可人地歌唱。我静观了半个小时，终于忍不住，又把衣服都抖落到院子里。可是又过了二十分钟，大灰狼又折回来，祸害了五分钟，就又逃窜了。如是者再，你说谁受得这份窝囊气？

刚来英国的时候，每见到下雨，这么频繁和丰盛的雨水，心里羡慕极了。尤其有一次，正在街上走着，没注意，雨线"唰唰"的就下来了。看着落在地上的雨水马上形成小溪，轻盈地向着低处湍急地流去，觉得那水流美极了，简直是诗歌里面的意境，就忍不住吟哦起来："天油然作云，沛然下雨，则苗浡然兴之矣……"同时，非常惋惜地想：北京已经有十年不肯好好地下几场雨雪了，那土地干渴得都要叫出声来了；更想起缺水的甘肃、宁夏，以及水比油还要贵的中东地区……上天为什么这样垂青英格兰呢？她的雨水整年这样丰沛，真是物华天宝的福地啊！

有雨水的滋养，英伦三岛的绿意就蓬蓬勃勃地茂盛，到处都是郁荫蔽日，鲜花灿烂，白云逶迤。我特别欢喜一家家商店的门楣上，都高高悬挂着盛开的紫罗兰、太阳花、倒挂金钟、薰衣草以及碗口一般大的各色蔷薇，它们虽然是人为挂上去的，却从来都是由上天浇灌和养育的。英国的街道洁净得没有尘土，天天有雨水冲澡，连裤脚也是一个礼拜都不带脏的。

可是，随着待下的时间长了，天天一睁眼，看见的都是大灰狼，都是下个不停的雨，都是流水落花的凄凉意，心情就大打折扣了，压抑、沉闷、不爽，逐渐涌上心头，"愁心难整"，默默无语，"不忍更寻思"。如果哪个早上，大灰狼没来，代之以厚厚的云层，那更坏事了，因为那预示着一整天，甚或两三天都是阴雨天。下的是那种绵绵的细雨，有点像梅雨季，淅淅沥沥的，没完没了，直到把人的烦躁和乖戾都下了出来。大街上的人就少了，商家心里就着急；酒吧里的人就多了，老板的脸上就乐开了花，真如歌中唱的："月儿弯弯照九州，几家欢乐几家愁。"此时，我也才理解了前几年看到的一则新闻：有许多英国人准备移居西班牙，第一是因为英国的物价太贵了，生活成本太高，让不少家庭难以承受；第二是英国的天气太坏了，说的就是天天阴霾，日日飞雨，令人不可忍耐。

一下雨，天气还变得特别凉，甚至说冷也不夸张。我来英国的时候是6月中旬，北京已经是37摄氏度的高温，公共空间的和各家各户的大小空调早就启动多日了。当时看伦敦的气温，报的是19—21摄氏度，问女儿怎么带衣服？她一口咬定英国地势高，大气透明度好，太阳一晒比北京还热，二十七八摄氏度就要热死人，政府就报红色预警了。于是我就上了她的大当，穿着薄裙就上路了。没想到一下飞机，从登上英国土地的那天晚上开始，就感觉冷，第二天起就披挂上女儿的棉毛衫、牛仔裤、夹克乃至毛衣，自己带来的夏天衣裙是一件也没穿上。我一埋怨女儿，她就说："这几天下雨呢，等太阳出来就热了。"可是我已经等了五十多天，依然还是"小楼昨夜又东风"，眼看7月份就过完了，夏天还是遥遥不见身影，大概是大灰狼们把2009年的"英格兰之夏"吞到肚子里去了吧?

其实也不是今年气候特殊,英国历年如此,看看大街小巷,家家户户都没有空调,我的心里就开始明白了。一整个儿夏天,白天即使在大太阳底下,我也没出过汗,天天晚上也一直是盖着鸭绒被睡觉的……这些迹象都表明了英伦的雨把她的夏天,打造的是什么温度。

我再抱怨,女儿就不耐烦了,说英国就连冬天也是天天下雨的,在最寒冷的日子还下雪呢。到了那时,下午3点多就天黑了,大街上就没人了,人的心情就更绝望。不过,受大西洋暖流的影响,英国的冬天并不是太寒冷,有些年轻人穿一条牛仔裤就过冬了。我想起来了,过去在小学课本上就读过,这是温带海洋性气候的特点,冬天不是特别冷,夏天也不是特别热,常年还都有清爽的风吹来。

所以我不再抱怨,而且转为庆幸:我来的这五十一天里,虽说天天都跟雨水见面,但日光很长,每天早上3点半就开始亮天,晚上10点才天黑。我天天晚上9点钟出门散步,有时还能见到明光灿烂的太阳,把天空和大地染成一片金色,真是从未有过的新奇感受。有一天晚上,我还惊喜地看到了一个大大的、横跨着两个山头的彩虹,几乎把半个天空都光耀得流光溢彩,其如画般的美丽,真正震撼得让我心里发酸,想哭。

精彩
—**赏**析——

这篇文章记叙的是作者在英国生活的趣事。作者用"羊羔""大灰狼"形容白云和乌云，用了一系列拟声词"哗啦啦""哐唧哐唧"来描写天气阴晴不定使晾衣服变得多么麻烦，显得十分形象。文中多处引用古诗词，信手拈来又恰到好处，如"愁心难整""小楼昨夜又东风"，写出了英国天气的变幻无常，也写出了雨水给人们带来的欢乐、郁闷、阴冷、美好……说明了一个国家的气候特点是怎样影响着这个国家的风土人情。全文写得生动活泼、意趣盎然，体现出作者对平凡生活的观察力。

1. 阅读《什么是海》，回答下列问题。（7分）

（1）请简要分析文章第二部分"海是大神波塞冬的舞蹈……"这段话的修辞手法和艺术特色。（3分）

_____

_____

（2）根据文章第三部分，请总结一下大海对于舟山人民的生活有着怎样的意义。（4分）

_____

_____

2. 阅读《英伦的雨》，回答下列问题。（7分）

（1）本文从哪些方面描写英伦的雨？（3分）

_____

_____

（2）作者插入"北京有十年已经不好好地下几场雨了……"，运用了什么手法？有什么用意？（4分）

_____

_____

3. 写作训练。（60分）

风、雨、雷、电、雪、霜、雾等都是大自然的天气现象，它们影响着农业耕种，影响着人们的衣食住行，影响着一个地区的自然面貌和社会生活。而且，天气影响着人们的心情，为我们的生活带来各种各样的风景和回忆、烦恼与乐趣，自古以来就是文学艺术创作中必不可少的元素，如我国古诗中有"昔我往矣，杨柳依依。今我来思，雨雪霏霏"，"大风起兮云飞扬"，等等。

阅读《英伦的雨》，体会作者对自然现象的观察与感悟，写一写你最喜欢的一种天气，为什么。或者写一段关于天气的回忆与感悟。字数600~1000。

中华巨星落下闳

> 伟大的科学家，是真正永不褪色的巨星，他们的名字，值得永远地刻在人们心中。

站在他的雕像面前，我心中刮过一阵又一阵风，不能不感到由衷的惭愧！

这是在四川阆中市的云台山上。俯身下望，滚滚滔滔的嘉陵江，已然变成一条静止不动的细绸带；已有两千多年历史的阆中古城，也成为一个精致的棋盘，不动声色地演绎着巴山蜀水的今古对局。时间进入初夏，周围全是浓情厚重的绿意，还带着早晨的新鲜雨滴，使我们这些干燥的北方人，顿时换了一副清朗的胸襟。

"却话巴山夜雨时。"

然而，大煞风景的是我，面前的落下闳老人，我竟然从未闻知先生的大名！

他站在整座山的最高处，深邃地望着远方，衣襟潇洒地飘起。身后的背景是一座高高的宫殿式楼阁，名曰"观星楼"，寓意他一生的工作和成就。此楼据说是唐代始建，历朝不断维缮，最近的一次修葺是在三年前。

依仗着他的福荫，阆中市正在努力地申报"中国春节文化之乡"。阆中人管他叫"春节老人"，正是因为他，在两千多年前确立了孟春正月为岁首的历法，并一直沿用至今。在他所处的朝代之前，商代是以十二月初一为元日，周代是以十一月初一为元日，秦灭六国后规定以十月为岁首，均既不利于农作，也不合于四季。于是，西汉元封六年（前105），汉武帝下令改历，落下闳作为民间天文学家，被征召至长安参与创建新的历法。他没有辜负重任，于太初元年（前104）创立完成了中国古代第一部有完整文字记载的新历——《太初历》。全新的《太初历》重新确定了春、夏、秋、冬四季顺序，以孟春正月朔日为立春日（当时称为"寅月岁首"），前一日为除夕，除夕的次日为春节，同时将一年分为二十四个节气。这么重大的发明不可能没有阻力，当时各派争论激烈，不相上下，《太初历》和另外同朝研究者的其他17种历法一并报给了汉武帝。后来，经过官家和民间的数十位天文历法专家的大辩论，又经过三年时间的实际检验，《太初历》最是科学合理，最终被汉武帝采用，颁行天下。从此以后，中国老百姓将正月初一称为"元旦""新年"，民间习称"过年"，这庶几就是中国春节的来历。

《太初历》作为历法的样板，两千多年来一直影响着中国的政治、经济、文化、生产、生活和科学技术的发展，也影响着世界文明的历史进程。英国著名科技史学家李约瑟说过："东西方天文学发展对照表明，《太初历》在公元前104年颁行的101种历法中为第一。"

就我个人来说，最让我为之倾倒的，则是二十四节气的创立——"春雨惊春清谷天，夏满芒夏暑相连，秋处露秋寒霜降，冬雪雪冬小大寒"，这是《二十四节气歌》，妇孺都会唱的。我家小时工赵大姐自小在农村长大，来我家的十年里，记不得多少次，她跟我无限感慨道："咱也不知古人怎么那么聪明，这二十四个节气呀，别提有多准了！说清明前后种瓜点豆，你就得那几天种下去，不然一年的收成就没了；说夏至收麦子，早一天它也不熟，晚一天又熟过了！啊（上声），你说说这古人，他是怎么算出来的呢？他可真比今天的人聪明多啦！"我呢，也跟着起劲："是啊，惊蛰虫子就动了，霜降那白霜就来了，冬至就是一年中最短的，夏至就是最长的啊……"

当时，愚钝的我们俩，谁也不知道二十四节气即是落下闳老人发明的。自以为有文化的我，还满以为那是多少朝、多少代的古人们，历经了岁月的风雨，在不知凡几的共同探索基础上，逐渐积累，推衍形成的呢！

一个人顶一万人！

然而，落下闳的伟大贡献，还不止于此呢！查阅有关资料，我惊异地发现，这位伟大的中华科学家，除了编制《太初历》、确立春节、创立二十四节气三大功绩外，还有两项大贡献，被永久地铭刻在人类文明史册上。

一是提出了"浑天学说"。他创制了浑仪（包括浑天仪和浑天象），形象地展示了宇宙模型。通过长期观测和科学运算，用事实论证了浑天说理论和天体运行规律，对当时流行一时的"盖天说"予以有力的否定。汉代大文学家、天文学家杨雄，以及《史记》《旧唐书》等古籍，对此都有确凿的记载。

另一大贡献是提出了"通其率"。这是在数学领域，他探索出了"连分数（辗转相除）求渐进分数"的方法，定名为"通其率"（现代学者称之为"落下闳算法"）。"通其率"比采用类似方法的印度数学家爱雅哈塔早 600 年，比提出连分数理论的意大利数学家朋柏里早 1600 年，它影响了中国数学界长达 2000 年之久！

一个人的能力有大有小，这是我们都耳熟能详且能平心接受的。可是，我却怎么也想不明白：一个人究竟能有多大极限的能量？究竟能做出多少项伟业？究竟能对推动天地文明的进步起到多大的作用？如落下闳老人，一生竟然是这样的轰轰烈烈，波澜壮阔，难怪李约瑟崇敬地称他为"中国天文史上最灿烂的星座"。在《中国科技史》一书中，李约瑟把落下闳时代的东西方天文学成就做了一个比较，共列出了 10 大成就，其中，落下闳一人就占有 3 个！而落下闳在天文学、数学、农学上的一系列开创性的贡献，也已经被学术界所公认。2004 年 9 月 16 日，经国家天文学联合会小天体提名委员会批准，中国科学院国家天文台将其发现的国际永久编号为 16757 的小行星命名为"落下闳星"。从此，落下闳真正成为一颗璀璨的星座，永恒地闪耀在浩瀚无垠的星空中。

我们太应该记住落下闳了！

应该让更多的人知道落下闳：这位伟大的中华巨星，出生于公元前 156 年，卒于公元前 87 年，享年 69 岁。复姓落下，名闳，字长公，是巴郡阆中（今四川阆中）人氏。他少年时生活在乡间，醉心于天象观察，逐渐小有名气，后经同乡、太常令谯隆和太史令司马迁推荐，被汉武帝征召入京。他终生不做官，也不计较级别、待遇，更不追求功名利禄的"现世报"，只一门心思沉醉于自然科学研究。最终，以其伟大的学术成果，在中国历史和世界文明史上树立了极其重要的地位。

精彩
—赏析——

　　作者在在四川旅行时，得知了这样一位中华巨星——落下闳的故事，通过仔细了解这位古代科学家在天文、历法、数学等方面的成就，作者的钦佩之情油然而生，甚至为自己曾经不知道这位科学家而感到羞愧，并由衷地感叹：我们太应该记住落下闳了！为此，作者在文章结尾郑重地将落下闳的生卒年、出生地、人生经历和成就介绍一遍。

_____

感 动

🌸 **心灵寄语**

> 　　年轻，意味着活力，意味着创新，意味着希望，祖国新一代年轻人的面貌，就是民族未来的面貌。

　　2015年9月3日这天，相信全中国13亿多人民，谁都梦想着能站在北京天安门广场上，一睹中国抗战胜利70周年的阅兵式盛典。

　　他们，这些幸运的年轻人，也确实站到了这里——作为志愿者，半夜在黑漆漆的夜幕中就集合了，清早在万紫千红的晨曦还没染红大地时，就站到了自己的岗位上。

　　天气真是无与伦比的好！清亮的启明星渐渐隐进透明的天幕里，当东方一抹惊艳的红光快闪之后，整个天空越来越亮、越来越蓝。终于，全国人民盼望了多日的、无比漂亮的北京阅兵蓝，雄壮出场了！此时，广场上还是一片静悄悄，只有天安门城楼和人民大会堂、国家博物馆上面的红旗飘呀飘，将这些年轻志愿者们庄严的面孔映照得更加朝气蓬勃。

　　等我们步入的时候，广场上已经是一片沸腾的海洋了。军乐团、三军合唱团早已齐齐整整就位，各国媒体记者早已抢占好有利地形，就连天空中的燕子也在一圈一圈地盘旋、等待着……此时此刻，最忙的就是那些志愿者了，他们一趟一趟地来回穿梭，把观礼代表送到每个人的座位上，一遍一遍地告之卫生间、取水点的位置，一次一次地推着轮椅上的老人去这儿去那儿，还为所有请求帮助的代表照相留念，等等。当9点到来的时候，他们又开始极度耐心地、非常克制地竭力微笑着，不厌其烦地提请代表们尽快回到座位上，保持安静，等等。

终于，观礼台上，每位代表都就了座，激动地等待着大会开始。可是这时，太阳开始显示她的重要存在了。天气实在是太棒了太棒了，高空万里无云，蔚蓝蔚蓝，纯蓝纯蓝，透明透明的蓝，炫目炫目的蓝，光芒四射的蓝，蓝，蓝！金红色的阳光直射下来，目光炯炯、态度饱满、赤胆忠心、情感浓烈、热情似火，与所有人亲密拥抱着！我们所有人坐在椅子上，都熬不住地戴上了遮阳帽，拿着和平鸽造型的扇子扇着风，找一切可以遮阳的东西挡住脸，汗水还是止不住地顺着脸颊往下流。这时，我看见那些年轻的志愿者们，站在大太阳底下，穿着白衬衫、黑西服，没戴帽子，像哨兵一样站在岗位上。大概他们的汗已经流干了，所以脸上衣服上没有汗的痕迹——但我和旁边的陈平原老师都看见了：一位小伙子的脸上红了一片片、紫了一片片、白了一片片，就像最严重的白癜风患者那样，而早上我们看见他的时候还是一个帅气的白面书生，我还跟他说话来着，他说自己能在天安门前做志愿者，是特别幸运、无上光荣的……

是这样的，比起远在首都各处值守的数以万计的志愿者，能在天安门上岗，是最神圣的了。但是，当大会即将开始之际，他们却静静地撤到了观礼台里面。阅兵开始后，当飞机摆出惊艳的"70"造型，拉出美丽无比的五色彩带，当三军仪仗队踢出齐得像一条线一样的正步，当坦克方队隆隆驶过，当导弹车队威武地大展军威，当无人机获得一片惊叹时……他们却只能听一听声音而过过瘾；而当和平鸽冲天翱翔，万颗气球腾飞成一条中华巨龙时，他们重又精神抖擞地回到岗位上了！

回到驻地，打开 Wi-Fi，第一时间我看到了这样一个消息：就在阅兵式前夕，在上海虹桥机场候机楼大厅，突然出现了一队穿着红色 T 恤衫的男女青年人，他们用快闪的歌曲，串起了《我的家在松花江上》《怒吼吧！黄河》等抗战歌曲。他们激情万丈的表达不仅感染了在场的候机乘客，而且感动了无数国人，几乎所有的人都在点赞，并且信心满满地留言道："谢谢你们，你们是我们新中国青年的代表！"

啊，我终于明白了自己的激动还有更深一层的意思：无论是阅兵部队的战士，还是默默奉献的志愿者，还是快闪所代表的更广大的一群——我们新中国的年轻人啊，超棒，江山代有后来人！

精彩赏析

作者描写了自己在天安门广场参观中国抗战胜利70周年的阅兵式盛典的经历，除了阅兵部队，作者着墨最多的，是现场的年轻志愿者，写他们的朝气蓬勃、耐心细致、任劳任怨，写他们怎样井井有条地维持着现场秩序，写他们站在烈日下忍受暴晒也毫无怨言。在参观阅兵式之余，作者又写到手机转发的消息——一群年轻人在阅兵式前夕唱快闪歌曲，突显了年轻人的时尚、活力与爱国精神。作者通过阅兵式这一活动中的所见所闻，歌颂了祖国新一代年轻人的朝气，表达了对祖国未来的美好憧憬。

季羡林先生在 2006 年

心灵寄语

> 　　中国传统知识分子，是平民知识分子、布衣知识分子，也是圣贤知识分子，他们读书治学，以个人修养品德为出发点，以天下苍生为终极关怀。

　　在北京 301 医院，季羡林先生已经快住满四年了。

　　这是当初入院时谁也没想到的。在荷竹摇曳的北大朗润园家中，季先生最疼爱的大白猫咪咪连叫了数日，一直等待着"爷爷"归来；更有一批又一批新生来到季府窗下，殷殷地向里张望，期冀能有奇迹发生。

平民知识分子的人格魅力

　　自谓早已达到"悲欢离合总无情"境界的季先生，却平静地接受了这一切。并且，很快在 301 医院建立起了新的大家庭。

　　这个家庭的成员可真多，从医生、护士、护工，到清洁工、老门卫、小保安，再到其他病友及其家属们，悉数囊括，热热闹闹，亲密无间。季先生被称为爷爷或老爷子，三天，护士们给他买来个毛绒猫咪；两日，小保安又送来几个柿子；再几天不见，传达室的老门卫就带话来问安了。

老爷子每天清晨6点起床，这对于勤奋了一辈子的季先生来说，内心里总有不安，因为在家时他从来都是4点半即起，或读书或著述，从不敢懈怠。可是大家同志们心里高兴了，好，医院有纪律，不许。谢天谢地，可有人管住老爷子了！

老爷子今年将要迎来九五大寿，岁月风霜，丹霞飞渡，确实年老体弱了。何况腿部动了大手术，举步极为困难，疼痛的程度只有他自己最清楚。可是他一点儿都不认为自己是重病号，相反觉得自己正常极了呢！他老说"只要有一口气，就得干活"，所以从入院第一天起，就把办公室搬到医院来了。每天上午，在医院的日志上是治疗时间，在季先生的闹钟上却是"干活"的时间。为此，凡输液，必伸左手，留下右手写东西。于是，滴水石穿，又一部《病榻杂忆》已写了一多半。到了下午，又是雷打不动的读书读报时间，由于眼睛必须保护不再看电视，季先生就特别重视读报，这是他通往世界的窗口啊。有时秘书李玉洁老师怕他累着，故意丢下了这张忘记了那张，老爷子心里明镜似的，也不动声色，一份读完了，再点另一份，反正你都不能给我落下。

医生来换药了。这可不是玩的，老爷子的腿上打了两个洞，把塑料小管子生生地杵进去，才能打药，有时还得在肉上动刀子剪子。看得李玉洁老师的心"嗵嗵"跳，连护工都跟着直冒汗，可是每回老爷子都谈笑风生，连说"不疼"。等医生们走了，李老师颤声问："先生您真不疼？"老爷子回答："不疼是假的，但又何必给大夫增加思想负担哪？"

不仅如此，老爷子还老对医护人员说："别再给我用好药了，差不多就行了。""我是光消费不生产的人了，没什么使用价值了，我看就别治了。""我是朽木之年了，不必再为我浪费精力了。"连几家的护工都在一起叽叽喳喳："我们家的首长昨天还说，从没听你们家爷爷说过他的病情，他好像从来都不关心自己似的。"

是，确实是，在季先生心中，从来都是为别人着想，只是不关心自己。护工也是家庭成员，不但照付工资，不但和颜悦色，还额外管吃管喝管水果。半夜有了尿，老爷子把两次三次憋成一次，宁愿自己睡不好也不去叫醒护工，因为"他们白天也很疲劳了，晚上不忍再让他们起来"。

有一天，一位年轻护士说起某报正在连载季先生的著作《留德十年》，表示很爱看。老爷子马上把李玉洁老师找来，吩咐叫人去买，说"书是给人看的，哪怕有几句话对年轻人有用，也值得"。这一来轰动了全医院，大家都来伸手，还索要签名本。"都给。""买去。"季先生发话说："钱是有价之宝，人家有收益是无价之宝。咱们不影响吃饭就行了。"最后，一趟一趟地买了600本，也一笔一画地签名600本。

海淀区有个清洁队，办了个退休图书馆，派人来找季先生捐书，老爷子认认真真地签字送上。有一个中学生来了一封信，跟季爷爷大倒苦水，说是自己特别用功成绩也不好，又跟父母没法说，不知应该怎么办？季爷爷马上回信安慰开导。还有离休老干部来信请求开导的，下岗职工碰上难事寻求出主意的，学界晚生后辈求教学问的……以至于李玉洁老师又无奈又兴奋地说："我们老先生简直成为万能人了。"

真的，李玉洁老师对季先生简直敬如天人，"虽然照顾老先生从体力上确实累，因为我也是快80岁的人了。可是从灵魂深处体验到特别的幸福，觉得生活在他身边是一种享受"。问享受什么？
答曰："首先是人格魅力。老先生在做人上，从来是克制自己，照顾他人，以德报怨，虚怀若谷。而且坚持平民立场，对人没有等级观念，大官来了也是这样，平民来了也是如此，越是被人看不起的人还越平等相待，就说医院里的勤杂工吧，差不多都跟季爷爷聊过家常。"

我和李玉洁老师心心相印。回想 1985 年我作为初出茅庐的小编辑，第一次去拜访季先生，进门前，曾数次展开想象的翅膀，猜测大名鼎鼎的季羡林先生，仪容将是多么威严，风度该是多么翩翩，简直是云端里面的人物了。全没想到，来为我开门的就是季先生本人。当时我的感觉，说他是一位老退休工人更贴切。一袭藏蓝色中山装，黑圆口布鞋，都已穿得很旧。说话很简洁，没有热切的寒暄，但有仁慈的目光，脸上是佛像一般的平静。我立刻被他的普通和平易融化了，原本像卷叶一样的敬畏之心，慢慢伸展开了。

今天我理解：季羡林先生的精神，就是中国文化传统所推崇的平民知识分子精神，古称布衣精神，亦即圣贤精神。这是从 5000 年中华民族的精神之树上开出的灿烂花朵，是从孔孟、老庄、诸子百家、竹林七贤、唐宋八大家，以及元明清……无数布衣知识分子薪火传承下来的高贵文脉。这个文脉讲究的是"仰不愧于天，俯不怍于人"，"君子之爱人也，以德"，"见贤思齐焉，见不贤而内自省也"，"君子贵人而贱己，先人而后己"……这是我们的国魂，是中华民族世代相传的精神支柱，是我们振兴民族、富强国家之本。

布衣知识分子的精神高度

然而，走近季羡林先生的身边易，走近他的精神境界却很难，非常难。

季先生从六岁起即开始读私塾，九岁开始学英语，十二岁读《左传》《战国策》《史记》，十五岁学德语，十七岁开始发表小说，十九岁发表翻译作品，二十三岁毕业于清华大学西洋文学系。二十四岁赴德国主修印度学，同时学习梵文、巴利文、吐火罗文、俄文、南斯拉夫文、阿拉伯文等多种文字。三十岁获德国哥廷根大学哲学博士。三十五岁起任北京大学东方语言文学系主任，一直做了三十七年，后来还做过北京大学副校长等无数职务。

季先生的一生，用他自己的话说，"天天都在读书写文章。越老工作干得越多"。除了让中国学者望而生大畏的、深奥无比的德国哲学研究外，数十年来主要从事印度文学的翻译研究工作，佛教史以及中印文化交流史的研究工作，还撰写了江河湖海一样的散文、随笔等文学作品。现在，《季羡林全集》已编到了32册，粗略一算，已经有1000多万字了，真正是著作等身，学问大师，当代鸿儒！

然而极为可贵的是，季先生又绝不是"两耳不闻窗外事"的书斋学者，相反，他相当入世，胸中承载着天下，时时守望着民族、国家、世界。他还一直保持着独立思考的精神，始终秉持独家观点，绝不随波逐流，人云亦云。李玉洁老师曾多次感叹说：老先生想的跟别人都不一样，有时还特别超前。就见他闭着眼睛皱着眉头在那儿想，我们跟都跟不上。

比如早在二十多年前，季先生就大谈"和谐"："中国传统文化的根本就是和谐。"人与人要和谐相处。人与大自然也要和谐相处。东方人对待大自然的态度，是同大自然交朋友，了解自然，认识自然，在这个基础上再向自然有所索取。"天人合一"的命题，就是这种态度在哲学上凝练的表述，所以必须珍惜资源，保护环境。当时他还援引歌德曾经怎么怎么说，恩格斯曾经怎么怎么说，梭罗曾经怎么住到瓦尔登湖简单生活，等等。那时，中国正处于一切为经济大发展让路的阶段，和谐与环保在中国根本还没形成概念，所以人们跟不上季先生的思想，有人公然表示不耐烦，认为他是老糊涂了，说话没把门的了；还有人公开加以批驳和反对。可是无论如何，季先生就是不松口，一再坚持说："不和谐就不能稳步前进。"时间驾着巨翅轰轰隆隆地飞到而今，当人们回头再看来路，不禁感慨者再："老马之智可用也。"（《韩非子》）季先生的预见，印证了多少生活的真理啊！

我自己也有过两次亲身体验：一是今年中秋节时候，我受命请季先生为本报的"中秋专版"写一段话。在电话中，季先生边思考边下意识地问希望写些什么？我随口答，中秋节，就是图个团圆图个吉祥，比如"家和万事兴"等都行，这是现在最流行的词汇了。没想到季先生却不同意，说是家还没和哪。我立刻明白了，他老人家的意思是说中国台湾还没有回归祖国的怀抱哪——哎呀，多么睿智、多么博大，而又反应多么机敏、头脑多么清醒的大师啊！

还有一次要追溯到20世纪90年代中期，中国散文界大力呼吁散文革新，"新论"不少，其中还包括一些西方的新潮理论，确实使人有"乱花渐欲迷人眼"的惶惑。当时已很少有人固守着传统散文的路子写，以为陈旧缺乏现代意识，没有出路。但是季先生一篇又一篇，竭力作足传统散文的所有优势，让我在深深叹服的同时，也坚定了对传统散文的信心。季先生还给我写来一封信，直接手把手教我："常读到一些散文家的论调，说什么散文的诀窍就在一个'散'字，又有人说随笔的关键就在一个'随'字。我心目中的优秀散文，不是最广义的散文，也不是'再狭窄一点'的散文，而是'更狭窄一点'的那一种。即使在这个更狭窄的范围内，我还有更更狭窄的偏见。我认为，散文的精髓在于'真情'二字。"这独特的真知灼见，使我猛醒，无论对我的审稿、编稿还是个人写作，都是醍醐灌顶的教益。

多年来，每次见到季羡林先生，他都是佛像一般的平静。老人本来就话不多，对于没有意义的话题更是沉默缄口，简直木讷得像一棵老树。但是，你要是认为他是事不关己，高高挂起的和事佬，是只会哈哈笑的弥勒佛，是只会唱赞歌的拍掌派，那你可就大错特错了！季先生是位有原则的知识分子，对许多重大问题都提出过自己的意见和批评，只不过他不是采取怒目金刚的方式，而是绵里藏针，微言大义，让你自己省悟。比如他在《纪念郑毅生（天挺）先生》一文中，有这么一段：

> 我于 1946 年来北大任教。那时候的北大确实是精兵简政。只有一个校长，是胡适之先生，并不设什么副校长。他下面有一个教务长，总管全校的科研和教学。还有一个秘书长，总管全校的行政后勤。再就是六个学院的院长。全校的领导仅有九人。决不像现在的校长一走廊，处长一礼堂，科长一操场这样伟大堂皇的场面……

这是典型的"季式文笔"，大师自有大师的风格，不是"噼噼啪啪"就砸过去了，先把你批个体无完肤再说；而是提醒，是劝解，是循循善诱，帮助你自己提高认识，慢慢把弊病改掉。季先生是对的，小到一个人来说，都是"江山易改，本性难移"，更何况是国家和世界大事，绝没有一早晨起来就到处都是蓝天、白云，整个地球哪儿都是一片灿烂阳光的。

圣贤知识分子的宽厚胸怀

前些日子，又有一件事在 301 医院引起轰动。各个科室病房，但见医生护士们窃窃私语，显出很激愤的样子。然而当他们来到老爷子面前时，却都换上一脸春风，装着什么事也没发生。原来，是外省有一位著名学者在某报撰文，严厉批评季羡林先生自封大师云云。虽然医生护士们不是专业人士，不懂学术，但从这几年跟老爷子的接触中，从上至党和国家领导人、下至学界人士对老爷子的敬仰中，他们觉得自己能分辨出东西南北，春夏秋冬。

这一天，季先生突然把李玉洁老师叫到身边，脸上还是那佛像一般的平静。说："不用演戏了。"然后说："人家说得对，我本来就不是什么大师。只不过我运气好，好事都往我这儿流。"又说："我就两条：爱国和勤奋。我总觉得自己不行，我是样样通，样样松。"

见李玉洁老师不服气，季先生就叫她端正态度，并说："人家说得对的是鼓励，说得不对是鞭策，都要感谢，都值得思考。即使有人胡说八道，对认识自己也有好处，无则加勉嘛。就怕一边倒的意见，都是吹捧，人就晕了，分不清好赖，就不可能前进了！"

待自己如此严，季先生对别人却是极为宽厚，太有长者之风了。他特别能看到别人的优点和长处，赞扬起来从不吝啬。每天下午的读报读书，当听到有熟悉的作家学者又写文章了，他都格外注意，还高兴得要命。比如他夸李国文先生的随笔写得好，有哲理，是能让人过目不忘、在脑子里留下印象的文章。还夸邵燕祥先生的诗好，又有文采又有思想又有意境，说着竟然随口背了出来，把李玉洁老师惊得一下子就坐直了。过了好些日子，李老师还纳闷地跟我说："诗是我给老先生念的。我念完就完了，一点儿都没怎么着，而老先生竟然就背下来了，你说惊人不惊人？"

这使我想起当年的一件逸事：20世纪90年代中期，我约季先生写写当代另一位大儒张中行先生。很快，季先生的文章《我眼中的张中行》就飞来了。季先生称张先生"是高人、逸人、至人、超人。淡泊宁静，不慕荣利，淳朴无华，待人以诚"。其中有一大段断语，是季先生对张先生一辈子文章、学识的高度评价，请允许我引在这里："他的文章是极富有特色的。他行文节奏短促，思想跳跃迅速；气韵生动，天趣盎然；文从字顺，但决不板滞，有时宛如大珠小珠落玉盘，仿佛能听到节奏的声音。中行先生学富五车，腹笥丰盈。他负暄闲坐，冷眼静观大千世界的众生相，谈禅论佛，评儒论道，信手拈来，皆成文章。这个境界对别人来说是颇难达到的。我常常想，在现代作家中，人们读他们的文章，只需读上几段而能认出作者是谁的人，极为稀见。在我眼中，也不过几个人。鲁迅是一个，沈从文是一个，中行先生也是其中之一。"

难得一位大学者对另一位大学者如此欣赏。我们只听古人说"文人相轻"，又看过了太多的文人互相诋毁乃至"残杀"，却很少能看到互相佩服的，更少见如此之高的评价。季羡林先生把张中行先生的高明之处原原本本告诉读者，也把他自己对张先生的钦佩之处老老实实告诉读者。

什么叫"大师"？至少，我每每固执地认为，他必须真心做到了"学然后知不足"。还有大唐名相魏征的一句名言："念高危，则思谦冲而自牧；惧满溢，则思江海下百川。"季羡林先生都做到了。

精彩
——赏析——

季羡林作为一代大学者，究竟有着怎样的风貌，是很难尽述的。作者从季羡林住院期间与医院工作人员的相处讲起，为我们呈现出一个人品高尚、没有任何架子的老人，他散发着平民知识分子的魅力。接着，作者又介绍了一件逸事，从侧面反映出季老学问的渊博以及关注领域之广，而他对中国文化的理解、对散文的理解也体现出他对事物见解独到却又不自大。面对他人的批评，季老能够坦然接受，并且严于律己、宽以待人。从不以"大师"自居，而是善于发现他人优点。作者没有正面叙述季羡林的生平和成就，而是选取了几件小事进行描写，却使我们看到了真正的大师风范。

给吴冠中先生拜年

🌸 心灵寄语

> 艺术的创新永无止境，艺术体现了人类无穷的创造力，正是一代艺术家永不满足地进行艺术的探索与创新，才给我们留下了一道道绝美的艺术风景。

　　大年初一，专程到吴冠中先生家拜年。

　　有一段时间未见了，吴先生依然精神矍铄，目光锐亮，从里到外透着生动。尤其令人赞叹的是那副又瘦又直的"魔鬼身材"，一举一动仍显示着小伙子的敏捷和干练，使我想到那些站立在大漠上的白杨树，奋力向上伸展着枝条，"嘎巴嘎巴"地向高天竞长。

　　我止不住赞叹了一句，吴先生谦虚地说："不行了，不行了，我今年都八十三岁了。"

　　八十三岁是不假，不行了却不真实。看了他新画的 4 幅作品，3 幅油画，1 幅速写，都依然是求索不已的新探索，是在努力寻求新创意的新笔触，里面也满盛着自己永远不满意的新苦恼。前不久吴先生有一次皖南之行，在著名的明清古村宏村住了 7 天。江南民居那些粉墙黛瓦、参差人家、鹅喊鸡鸣的陌生又熟悉的景象，又一次在他的脑海中刻下了深深的印痕。但他更深的感受，则是对于如何保存古村文化的不同看法，不吐不快，回京后立刻写成文章，发表在《光明日报·文荟》副刊上。现在的 4 幅新画中，有 2 幅是用画笔再度表现那一片古村的，无论是速写还是油画，画面上都是满满的房子，密匝匝挤在一起，像城里的鸽子窝一般喧闹，完全没有了他往日江南水乡画作中的那种空旷和恬静，不知是生活本身变了，还是吴先生的下笔变了？

另外两幅，是上一次海南之行的成果，一幅是海边渔村印象，另一幅是花草地上的两棵树，都刚完成，还没起名字。我在第二幅画前怔住了，它像电一样把我重重地击打了一下——吴先生说，这是一对伴侣，在花花绿绿的世界中手挽手站立着，不为浮华诱惑所动——立意虽是一首老歌，构图意识却是全新的，这两棵树，树干光溜溜的谈不上美，上面各顶着比喜鹊窝大不了多一点儿的树冠，更与风姿绰约差得远，可它们几乎是顶着天和地站着，像活的一样凸现出来，于是，背后招摇的花草们就不得不淡出了……我从来没见过这样大胆的构图，让"不美"来主宰"美"，通过超越美来实现高一层次的精神审美，这又是一幅越过一般审美界规的作品，一般人，谁有勇气这么不管不顾的？

年年都来看吴先生的作品，每年都有不同的气象，这是我最为佩服的。我问他为何总要这么逼自己？又为何总能捕捉到新的东西？吴先生随口说："是呀，重复自己没意思，我是有了新想法才动手，不然就不画。"说着，他拿来了一本新出的画册《吴冠中2000年作品年鉴》，在自序中，他这样阐述自己的想法："定型的形象有限，不定型的思维无限，由思维引申形式，虽难产，婴儿却应永远是新生态。"画册厚重，64 幅作品无言地述说着这位八十岁老人一年的劳作，没有节假日，平均 5 天就创作出一幅画作，而且还"不走重复老路，不抄袭自己"。吴先生每天的生活状态原来竟是这样的：脑子不停地思考，一旦想法成熟，立即或用绘画或用文字倾吐出来；作画的时候既耗脑力又耗体力，往往早餐后即开始，一直画到下午、傍晚、晚上，何时完成何时再吃饭——这和我们所以为的鲜花、美酒、宴会、掌声，前呼后拥、热闹喧嚣、出人头地、极尽风光的名人生活，简直是天壤之别呀！

吴先生称自己的"创作性劳动属于生死搏斗"，然也！在这个世界上，无论什么种类的作品，创新都是最难的，尤其是当作者已经成名、成大名之后，一般人大都会取一种守势了，因为创新所要付出的艰辛实在是太大了，它需要灵魂的燃烧和生命的投入。创新还意味着打倒自己，意味着从头起步，意味着优势的丧失，意味着也许会失败甚或一败涂地。一般而言，如果说年轻人还不怎么怕失败，那么中年人就已经很怕跌跟头了，老年人简直就更承受不起了，所以，"衰年变法"才一直被格外赞颂着。所以，吴冠中先生的永远向高处冲刺的精神，让人由衷尊敬。

我问："您还记得这一生画过多少作品了吗？"

吴先生愣了一下，连连摇手："哦，那记不清了，太多了！2000幅总有了，也许3000幅以上？不知道了，不知道了！"

我又问："那您的作品，每一幅，您都记得吗？"

"当然记得。"吴先生立即果决道，"每一幅都清清楚楚。因为都不是随便画的，我从来是有了想法才画，否则不画。再说，它们都是自己的孩子，走得再远，做父母的也不会不认得。"

谈起刚刚到来的马年，吴先生告诉我，今年他的第一件大事，就是三月份将在香港艺术馆开幕的"无暇惟智——吴冠中艺术里程展"，这个由香港政府主办的大型画展将历时两个月，共展出他自

1960 年以来的 130 余幅作品。还有一件事值得一说，广西美术出版社已经和他谈定，从 2000 年起，以后每年为他出一本作品年鉴。看得出来吴先生很是高兴，然而兴奋点却不在于明日黄花，而在于"这是我生命的年鉴，一位作者的血肉年鉴，待来年，再比较这生命，这血肉之躯散发的又将是怎样的气息"。永不言停，年年超越，是作品的集成，更是对生命的鞭策，吴先生，衷心祝福您再攀上新的高度！

精彩
—**赏**析—

　　文章开头，作者通过描写吴冠中的外貌身形，侧面描写出这位画家人老心不老、永不止步、勇攀高峰的精神。已经八十三岁的吴冠中，还是经常四处旅行、写生，在绘画上不断尝试新的形式和风格，在美学思想上也从不放弃思考与探索，这种对艺术的痴迷，早已超越世俗功利，体现的是一个人对美的追求、对生命的热爱。因此，他才会把自己画过的每一张画都当作自己的孩子，在创作每一幅画时都极度认真，并且从不重复自己。这种创新的精神正是推动艺术发展的动力。文章题目是"给吴冠中先生拜年"，在这里是祝愿他在新的一年里在艺术上取得新的进步的意思。

陈忠实为我们改稿

❀ 心灵寄语

> 无论在什么时代，无论是作家还是其他人，无论个人处在怎样的位置，忠厚、朴实都是一种难能可贵的品质。

陈忠实老师遽然离去，文坛内外一片哀悼之声。有人说《白鹿原》乃中国当代文学的扛鼎之作，有人赞忠实老师为人品格高尚，有人痛哭中国从此失去一位真正的作家……说句也许并不夸张的话，在中国，没有不知道陈忠实的；即或不知道陈忠实，也都知道《白鹿原》。

一个作家活到这份儿上，真让人敬仰——陈忠实老师给"作家"这称号，挣来了多么大的荣誉啊！

我始终忘不了陈忠实老师的一件小事：

2012 年，电影《白鹿原》制作完成，但还未最后"定稿"，我有幸先睹为快，陈忠实老师亦在场。我被其中"老腔"那一段戏震撼得目瞪口呆，乡野艺术家那种呼天抢地的表达，哪儿是在表演，分明是把自己的性命都押上去了！一连多日，那几位农民艺术家的喷血的啸喊，一直在我心头激荡着，让我反复品咂着秦陕农民深重的内心。与忠实老师言之，他说电影里的那几位艺术家，就是来自乡下的原生态演员，他们的祖祖辈辈，就是那么壮怀激烈地演过来的！

我就求忠实老师了："给我们《光明日报·文荟》专刊写一篇老腔吧？多长、多短都行，您写多少，我们发多少。我绝不催您，何时写来何时发，保证给以最壮美的版面。"忠实老师略一沉吟，答应了。

君子一诺。稿子很快就写来了。忠实老师不用电脑，是用钢笔写在13页白纸上的。整整齐齐的字里行间，显示出大作家陈忠实对文字的尊崇与珍重——这使我想起了两类截然不同的作家：一类是"敬惜字纸"类，把文学视为神圣，每个字都是神明，如季羡林、吴冠中、张洁等一大批作家。张洁写长篇小说《无字》用了漫长的十二年，我亲眼看见她就像写散文那样一字一句地"炼"。而第二类则是"大大咧咧"类，只顾快快写，抢时间，赶进度，就遗下那么多的错字、落字、病句、硬伤，甚至还有抄袭别人而一错毁了终身的……对此，我们编辑都心知肚明，有时见错得实在不像话了，就会愤怒乃至咆哮："哪儿有这么轻慢文字的，还记不记得自己是作家呀？"

忠实老师的这篇文章，题目干脆利落，就叫"我看老腔"。长达5800字，叙述了他从三年前初识华阴老腔、受到震撼后，不断地把这关中珍宝介绍到北京人民艺术剧院、北京中山音乐堂等大雅之堂，又每演一场都收获到爆炸性欢迎的故事。从此，那些放下锄头上舞台、下了舞台又务农的乡土艺术家，先后登上了中央电视台、人民大会堂，又赴上海、成都、深圳、苏州等地演出，再后又不止一次到中国香港、中国台湾演出，最后走出国门，到日本、德国、美国等国献演。文章写得非常非常好，不仅下大功夫去一一落实了关中地方戏的有关资料，具有学术的权威性，而且是用优美的散文语言表达出来的，流畅圆润，生动好读，具有强大的感染力量，使我这个职业编辑在阅读过程中，也几度怦怦心跳，思潮起伏。大师就是大师，出手就能平地惊雷，我很兴奋，在骄傲于我职业成就的同时，也很感谢忠实老师能这么认真地对待我的约稿。

然而，在准备刊发的时候，我又有些踟蹰了：说实在的，我很想请忠实老师再增添一部分内容，即在那苍凉的黄土原野、乡间最简陋的舞台下面，他自己作为一个乡党、一个普通观众，看着农民艺术家充满泥土本色的表演，他的现场感受是什么？而且，若能再增加一些字数，我们就可以做成一整版，形成一个更加强大的气场，取得更加壮观的效果！

但我真的很迟疑，不太敢说出口。这真是有点非分的要求了——你想，陈忠实老师何许人也？乃中国文坛巨擘，已然这么呕心沥血地给你写了，你若再提要求，不是冒犯吗？别说人家是那么大的腕儿，就是一般中小作家也会严重不高兴的，甚至会冷下脸来说："那你就别发啦，我给别家去！"这种鼻子不是鼻子脸不是脸的待遇，哪个编辑没遇到过呢？

一连好几天，我纠结！作为一个职业编辑，我也是属于呕心沥血编副刊的那种愚人，虽然在别人眼中，这些不当吃、不当喝、不当升官发财的报纸版面没什么用，简直就是太无足轻重了；可我这种但求百分之百而不放过的完美主义性格，也确实屡屡害苦了我，并让这件事成为我心中过不去的坎儿。记得当时，我还跟年轻编辑赵玙商量此事。玙也认为我这想法是好的，但也在要不要跟忠实老师提出上有所顾忌。

最终，导致我下决心拿起电话的是我想起了一件事：20 世纪

90 年代《白鹿原》出版后，陈忠实老师看到人民文学出版社的工作条件很差，就自掏腰包 2 万元，为改善编辑的工作条件尽了一点绵薄之力，当时的 2 万元可是一笔极大的数目，相当于今天的 10 万、20 万啦！后来到了 2012 年 5 月，他又主动与《白鹿原》的三位责编之一——《当代》原主编何启治先生商量设立"文学编辑奖"之事。面对陈忠实个人将要拿出高达几十万元的偌大数目，何启治建议将该奖项命名为"陈忠实当代文学编辑奖"，但忠实老师坚决不同意，执意定为"白鹿当代文学编辑奖"。在 2013 年 3 月 20 日，已经很少参加会议的陈忠实老师，专程亲赴北京出席了颁奖典礼，不但对《白鹿原》的三位责编——何启治、高贤君、刘会军进行了表彰和奖励，还对编辑出版了其他好书的几十位编辑进行了奖励。作家自掏腰包为编辑设奖，这在中国文坛尚属首次，不仅对于贫瘠的陕西作家来说是一个感人的壮举，就是对全国其他富庶地区的作家来说也闻所未闻。当时，这件事在全国文坛，特别是在陕西作家圈里引起了巨大的波澜，也许是因为陕西太穷了，一直传说陕西文人"啬皮"（吝啬），只会往家里拿而绝难往外掏。陈忠实老师真是太大气了，从中，也可看出他对文学编辑的敬重与尊崇……

与我想象的完全一样，忠实老师在平静地接听完我的电话之后，用他那高尚人格所凝练出来的高贵，一字一句认真地说："好，那我就再给你补充上这么一段。"

我当时鼻子都酸了，一如我现在写下这一段回忆文字，鼻子又发酸、眼睛又潮热了。

几天后，和上次一样，我再次收到忠实老师的快件。里面又是那薄薄的白纸，2 页，依然是整整齐齐的字里行间，显示出大作家陈忠实对文字的尊崇与珍重。涉及忠实老师补充他现场感受的那一段是："我在这腔调里沉迷且陷入遐想，这是发自雄浑的关中大地深处的声响，抑或是渭水波浪的涛声，也像是骤雨拍击无边秋禾的啸响，亦如知时节的好雨润泽秦川初春返青麦苗的细近于无的柔声，甚至让我想到柴烟弥漫的村巷里牛哞马叫的声音……"嘿，多么形象，多么精美，多么棒的文字啊！

我们立即以最尊崇与珍重的态度，做出了有文字、有图片、有色彩、有温度，甚至能传出雄浑苍凉声音的一个整版。我和赵玙商量着把题目改成《白鹿原上奏响一支老腔》，又打电话征求了忠实老师的同意。刊发的时间在《光明日报》2012 年 8 月 3 日第 13 版，这是一个彩版，配上了演出图片、油画，还有赵玙找来的一幅彩色关中皮影《马上将军持枪图》，报社最优秀的美编杨震反反复复设计了数遍，直到我们都觉得实在改不动了为止。此版乃是我 32 年编辑生涯中，所做出的最有光彩、最堪骄傲、最刻骨铭心的几个版面之一，文学编辑当到这份儿上，值了！

由此，我老是愿意把这段佳话讲给年轻编辑们听，也不厌其烦地讲给文坛朋友们。我每每感慨托尔斯泰的那段名言："一个人就好像是一个分数，他的实际才能好比分子，他对自己的估计好比分母，分母越大则分数的值越小。"在文坛、在作家群、在读者的汪洋大海中，为什么陈忠实的名字是一座大山？不朽的《白鹿原》是一方面，更重要的，恐怕就是忠实老师"高者出苍天"的人品：他永远是善良的、谦和的、低调的，认真地对待每一位作家和每一个普通读者。他真诚地体悟每一个个体生命，哪怕是最微不足道的老农和他们的婆姨。他知晓生命的意义，真正领悟了"人"字后面所深蕴的无限。他的写作，就是要把这"人"字大写出来，写出人内心最深处的悸动，写出人类内心最本质的跳动。

他老老实实地写，先自老老实实地做人。在他身上，集中了秦人，也即中国人最有代表性的优点：对自己，老实、本分、刻苦、舍命、少言多做、克勤克俭，苦一辈子都觉得是理所当然；对别人，忠厚、诚恳、平和、谦逊，永远先为别人着想，能帮一把就绝不推辞，奉献一辈子亦觉得是理所当然——这两个理所当然，架起了"陈忠实"这座巍巍高山！

犹记得当初打电话给忠实老师时，我叫了一声"忠实老师"。他迟疑了一下，用他那浓重的陕西腔反问："小蕙，你叫俄（我）啥？"我以为自己说错什么话了，期期艾艾地说；"忠实老师，怎么了？"这回他听清了，马上说："呀，你咋能这样叫，可不敢呢！"大哉陈忠实老师，原来他在自己的心目中，就是这样给自己定位的！

我不知说什么好。想起在20世纪七八十年代，我自己刚走上文学的攀登之路时，前辈们曾一再地教诲"作文先做人"。现在，却很少有人再提到这句话了，也许是怕被年轻人嘲讽为"过时"？然而，真理就是真理，经典就是经典，楷模就是楷模。人间大美，天地同辉，作家当如陈忠实！做人当如陈忠实！

精彩
—— 赏 析 ——

面对陈忠实这样大名鼎鼎的作家，作者作为一名编辑，不敢向他提稿件的意见，在纠结几天之后，由于想起一件陈忠实为出版社捐款以及拿出个人积蓄设立文学奖的往事，才使作者终于鼓起勇气向他提起。陈忠实不仅爽快答应，还很认真地补写了一段精彩的文字，作者通过一件小事，使我们真切地感受到这位大作家的为人处世。文章对陈忠实本人的描写不多，只用了几处语言描写，如"好，那我就再给你补充上这么一段"，"呀，你咋能这样叫，可不敢呢"，几句朴实的话语就表现出陈忠实的寡言而忠厚、诚恳而平和的个性。

以文字为生命

🌸 心灵寄语

> 文字是思想的载体，是文明传承的基石。对文字的认真、谨慎，体现的是我们对文化的态度，对思想的珍视。

文字者，"记录语言的符号"也。任何人都可以率尔操觚，笔走龙蛇。于是，有的人就以文字作为自己安身立命的饭碗，如为稻粱谋的芸芸众儒生；有的人就以文字作为功名利禄的阶梯，如在官场、商场、名利场劳心劳力之徒；有的人就以文字作为吟咏人生的媒体，如南唐后主李煜、风流才子柳咏；有的人就以文字作为抒发壮怀的寄托，如屈原、苏东坡、龚自珍；有的人将文字作为治国兴邦的刑典，如历代帝王将相；有的人将文字作为教化人民的工具，如孔、孟、老、庄；有的人将文字作为记录历史的良心，如司马迁、左丘明；有的人将文字作为生命的终结，或准确地说，是将最后的生命化为千古的文字，如岳飞、文天祥、夏明翰，以及许许多多慷慨赴死的英雄人物……

今天，社会的大环境已全然改变了，不再有刀架在脖子上的刽子手，那么，还能有以文字为生命的人吗？

是的，有。十几年的编辑生涯里，我碰到过一些这样的高人，每每令我肃然起敬。他们的表现形式虽与昔日有所不同，但是用"呕心沥血"一词来描绘，绝对一点儿也不夸张。

张中行公可以算得上是这样的一位贤人。有一年11月间，北京大冷而暖气迟迟不来，行公由感冒引起肺炎，连夜住进医院。对于八十七岁高龄的老人来说，这是极为危险的，行公想的是什么呢："我的那两本新书的校样，这回是实在没能力自己念一遍了，这在我这辈子还是头一次，太对不起读者了……"当时我听了这话，只觉得周身的血液都燃烧起来，从而也更加理解了去年夏天行公引发的一场"笔墨官司"。

事情的轫起，在于洁泯先生发表于我们《光明日报·文荟》副刊上的一篇文章，该文提到近年来行公给编辑们写稿，有一条个人要求——"许退而不许改"。洁泯先生是用激赏的态度称赞这一率真之举的，岂知行公看到后很不安，怕人误会自己太狂妄，就赶紧跟着写了一篇《动笔前想想如何》，说明自己为什么会"许退而不许改"，实在是出于被迫无奈，接着列举了10条自己的文章被编辑乱改而出错的情况。文章刊出后引起反响，同意的不同意的都有，七嘴八舌、各抒己见地讨论了一场，从而也把重视文字的问题提诸社会，特别引起我们编辑行业的高度警觉。

类似这样以生命呵护文字的，还有我国著名绘画大师吴冠中先生。有一则逸事也是让人动心动容：那还是20世纪60年代初，有一次吴先生从广州作画后返京，当时他的经济状况拮据，只能买一张火车硬座票。上车一看就急了，火车上人特别多，他的那些油画没有妥帖的地方搁。吴先生就让画们"坐"在自己的座位上，而他手扶着这些画，三天两夜一直站到北京，下车的时候腿都肿了……吴先生曾说："每一幅画都是自己的孩子。"极为传神地表明了他对文字（绘画是文字的另一种表现形式）的恭敬谨慎的态度，这何止是对文字的态度，也包含着深层的对艺术、对人生的执着和做人的高境界。

确实，从一个人对文字的态度，可以看出他的为人境界。甚至可以说，这也是区分高尚的、不怎么高尚的和卑下的情操的一块试金石。

而一位作家对文字的态度，又是可以从来稿中看得一清二楚的，编辑们往往就从中判断了他的文品、人品和德品。这一点，凡是做编辑久了，心里都有一本明明白白的账。

我接触过的作家、作者们的文稿，也有成千上万了，其中有这样几位，他们的文稿我是不动一字的，连标点符号也不动一个。如张中行先生、季羡林先生、孙犁先生、王蒙先生。非盲从不动，是不能动也。无论是长文短章，无论是从容写作还是急就章，也无论是散文、小说或其他文字，你就先看稿纸吧，每个字都工工整整，横平竖直，规规矩矩地待在它们应该在的小方格子里，不越雷池一步。连他们自己写错了而后涂抹的字和句也很少，所以就像是手写印刷体一样，透着那么有文化、有教养、有底蕴的意味，常常令我情不自禁地击节赞叹。我想：什么是博大精深的中国文化呢？这就是。什么是源远流长的中华文化精神呢？这就是。中国的文化得以代代相传下来，福荫着我们这些后世子孙，说得浅白一些，就是由他们这样的知识精英们，一代又一代，一辈又一辈，字字相传下来的——每个字都是活的，有生命的，里面都蕴含着民族文化的灵魂。

但是有的作家不是这样。稿子一打开，呵，就看见满纸好似乱蹦的青蛙、乱跳的蚂蚱，伸胳膊、踹腿、瞎扑棱翅膀，编辑的眼睛立刻就被晃花了。定睛细看每一行文字，你也不知道他是两个格写三个字还是三个格写五个字，有的字都写到一块儿去了，很难断定。至于每个字的辨认，须得像研究甲骨文或天书一样，猜对一个就是打了一个大胜仗。坦率地说，遇上这种稿子，真是每每吓得我心惊胆战，有时禁不住想到：从这样的稿子到印成整齐漂亮的书刊报纸，真比从类人猿演化到现代人还要艰难……

近年来电脑开始普及，编辑们总算该熬出头来了吧？其实还不然。你看着东西经、南北纬，被机器打得规规矩矩的稿子，情绪直涨吧，细一读，立刻就能变成泄气的皮球。还是不成，错字、别字、丢字、落字、空字，惨不忍睹，等编辑改完了，这稿纸也就成了航海草图了。最让你心里不舒服的是，这种稿子的作者，一看绝不是水平问题，是打完稿子连再检查一遍都不曾，就带着明显的硬伤来了。用《中华文学选刊》副主编、老编辑刘茵女士的话说："怎么能对自己的稿子都这么不负责任呢？"由此可见，没有对文字的敬畏态度，不"呕心沥血"，再有什么先进的机器，也不是救命星。

著名评论家唐达成先生去年有一文《敬惜字纸》，对某些人专写乱七八糟的文章，亵渎了字和纸的行为表示愤慨和谴责。我觉得该文真是太及时了。而且唐先生的内容更括而大之，不仅包括书写的规范等等，还向社会提出了清除不洁净文字的问题。这问题当然更具有重要的意义，因为如何清除可称作"文字垃圾"的低劣、庸俗、有毒化作用的文字，真的已是我们必须马上着手做的大事。有时候一看到这些"文字垃圾"，我也忍不住血冲脑门子，想要拍案而起：同是文化人，同是运用汉字书写，比比张中行、季羡林、孙犁、王蒙……你们这些昧着良心赚黑心钱的"儒生"，内心里惭愧不惭愧？！

咳，当然我也知道，对牛弹琴有什么用？对坏人、小人言高尚，更是"多情却被无情恼"的事。可那也得说——大家想想，我们的汉字已有6000多年的悠久历史了，从"上古结绳而治，后世圣人易之以书契"（"契"即"刻"，谓将文字刻在木板上），中间经过仓颉造字，后来又有毕昇发明活字印刷术、现代的铅字印刷，以及今天的电脑录入等，其路途是何等漫长，经过了多少茫茫黑夜的探索，呼呼山风的撕扯，熊熊大火的烧炼，滔滔波浪的冲刷，以及滚滚谗言的讽刺、诽谤、污蔑、排斥、打击；又经过多少崎岖、坎坷、挫折、失败、无望、徘徊、走投无路……才一步一个沉重的脚印，终于走到了今天，你说，我们能容忍坏人随意地糟蹋她吗？

她是我们的母亲啊！

民族的母亲，应该是比我们的生命更宝贵的。

精彩赏析

本文讲述了学者张中行与于洁泯之间的一场"笔墨官司"，这体现了张中行本人对文字的重视，接着作者还列举了季羡林、孙犁、王蒙等作家，毫不吝啬地赞美他们工工整整的稿件和良好的文化素养，以此批判了一些对文字不尊重、不认真的人。尊重文字，不仅仅是指稿件工整、无错字，更重要的是注意文字的规范、用词的文雅。文字是思想的载体，文字会影响人们的思维与认知，因此，滥用字词、写庸俗文字，会污染我们的语言环境，进而对文化产生危害。

喜马拉雅的烛光

● 心灵寄语

> 诗是一种纯粹的艺术，承载着全人类共同的情感，写诗、读诗，能够使人的灵魂得到净化，心灵变得柔软。

经过两个半小时急转弯的盘山公路，我们中国文联代表团乘坐的三辆"现代"轿车，终于在喜马拉雅饭店脚下"嘎——"的停住了。出得车来，望着乌云笼罩的黑森森的天空，一颗心不由得提溜到了嗓子眼儿。

这是冬意阑珊的 2 月末。离别北京登机时，空中还洒下几片美丽的雪花，落到我的羽绒服上，悄声说了句"再见"，就追随着冬的脚步向北方飘融而去了。我们呢，则是向着南太平洋一头扎下，五个小时以后，飞抵新加坡国际机场。气温骤然升高到 35 摄氏度，身着无袖连衣裙的接待小姐，见我们大衣、围巾、帽子、手套什么的一大堆，抿着嘴偷偷直乐。第二天，当我们终于到达目的地尼泊尔首都加德满都时，则又赶上春姑娘正在放情歌唱，刚刚穿上鲜嫩新春装的花儿树儿们，把鲜赤、鲜橙、鲜黄、鲜绿、鲜青、鲜蓝、鲜紫……总之最鲜艳的色彩，率性地涂抹在尼泊尔的大地和天空，到处都是生机勃勃的一片鲜亮，人似乎整天都在浓艳的画中游走，神仙一样。

是高耸的喜马拉雅山挡住了来自北方的寒冰酷雪，强大的暖湿气流沿山势纵向挺进，把这颗南亚内陆明珠像宝宝一样搂在怀里。

我们这一行，是应尼泊尔皇家学院邀请，来尼进行友好访问的。代表团团长是著名诗人李瑛，他的长诗《一月的哀思》在中国妇孺皆知。成员有画家、作家等。几天来，我们已参观游览了尼泊尔的国家精粹——皇宫、寺庙、大学以及风景名胜，越来越喜欢上了这个既本色纯朴又内向深沉的兄弟邻国。

虽然访问日程很紧，好客的主人还是专门安排我们今晚住到这里，为的是明天清早观赏日出——纳加阔特是加德满都著名的风景区，以观赏日出而富盛名。喜马拉雅饭店坐落在纳加阔特形胜处，依山脉走势而建，又是胜地之中的绝佳所在。对于初次到尼泊尔来访问的我们来说，虽然个个脸上都平静得如同皇宫里面的雕像，但心里却升起了孩童一样的好奇心：尼泊尔的太阳和我们中国的东君主，能有什么不同吗？

可惜天公不作美，上午下了半天小雨，下午一直阴霾不散，把我们急得咬牙切齿，恨不能"腾身却放我向青云里"，替天公老人家开一扇窗户。想我们一行，千里迢迢而来，很可能是一生中唯一的一次，却要与纳加阔特的太阳失之交臂，恨杀！奈何？

大概人在国外都有点怪异，我们竟都变得有点像圣诞夜巴望礼物的孩子，将这个话题贯穿了整个晚餐。这情形，被陪同我们的尼泊尔朋友看在眼里。

当晚餐的最后一道菜撤下之际，我们正想致谢道别，尼泊尔朋友突然挽留我们再坐一会儿。两位朋友皆年轻男性，长得都很帅，一位是诗人，另一位也是诗人。他们叫来侍者，撤去残桌，重新铺上绿色的丝绒桌布，将洁白的茶杯斟满香茶。更令我们没想到的是，挥手之间，餐厅里明光煌煌的大灯突然熄灭了，几支红烛欢快地跳上餐桌。摇摇曳曳的烛光，将两位诗人年轻的黑眼珠映得分外明亮。他们脸上浮起真诚的微笑，向李瑛团长请求道："给我们朗诵您的诗，行吗？"

李瑛团长非常意外，随即兴奋得满脸阳光。他拿出几年前访问日本时写下的一本小诗集，挑出一首《音乐家和一只鹰》，那是他献给一位日本音乐家的，现在，转赠给两位尼泊尔年轻诗人：

你有一面比太阳更大的窗子
你有一面比太平洋更大的窗子
你的家屹立在海岸的高山上
从窗子日夜不息地飞出琴声
琴声营养着太阳和大海
琴声喂养着一只矫健的鹰
大海的歌声是诚实的
鹰的翅膀勇敢而凝重……

这一刻，七十岁的老诗人，在浓浓诗情的氛氲中，也还原成面孔白皙、双眸黑亮的青年人，他微微笑着，一定是想起了自己年轻时的那些美好岁月。我们大家围着他，也都沉静下来，只觉得胸腔里面有一股又一股热浪拍打着心崖，大江浩浩东去，白浪滔天！

两位尼泊尔诗人一时听不懂这诗句，但很显然，他们读懂了李瑛的眼睛，读懂了我们大家的心。我看见他们的黑眸子里闪出梦幻一般的痴迷的神采，脸上的表情越发温软而润泽——都说音乐是全人类共通的语言，诗也是音乐啊！

当翻译老周译出这些美丽的诗句时，两位尼泊尔诗人轻轻鼓掌。东方人都是含蓄的，尼泊尔人犹是如此，他们从不高声，也不张狂，持重得比喜马拉雅山还要有分寸。几天下来，两位年轻诗人将我们照顾得无微不至，却从没有主动上前搭话，有时我们打着手势跟他们说什么，他们还会像腼腆的小孩子见了陌生人似的，连脖子根儿都红得像煮熟的龙虾。谁能想到这会儿，诗歌女神竟把他们整个换了一副模样儿！

只见那位年纪稍长的也拿出一张纸，举到我们面前展示了一下，就把灿烂的笑靥换成一脸的沉迷、一脸的憧憬。老周告诉我们，他也要给我们朗诵他的诗，是他前两年到中国访问时写的，题目是《这一个春天》。我们鼓掌，他轻轻吟咏道：

> 我的心里装满了中国，
> 中国也装进了我。
> 路边的柳树慢慢绿了，
> 春天来了。
> 我来到了爱的国度，
> 就像我在尼泊尔的家……

他把尼泊尔三个字的行腔拖得很悠长，声音轻柔得像要融化了一样，真宛如孩子向母亲呢喃着最亲密的话语。虽然尼泊尔语的发音与汉语毫无共同之处，但是这一个词，我以为自己是完完全全听懂了——是的，完完全全听懂了尼泊尔朋友对他们祖国母亲的爱，这种挚爱，是天下所有民族、所有高尚的人血管里共同奔涌着的血！

这两个年轻诗人在尼泊尔国内，并不是什么著名诗人，他们是皇家学院派来照顾我们起居的普通工作人员。可是诗歌，把他们和中国大诗人李瑛托举到同一地平线上，他们敞开了心扉，肩膀傍着肩膀交流。从这个意义上，我真羡慕诗人一族，早就听说全世界的诗人们，都是情同手足的兄弟姐妹啊！

不过，就在那一刻，我也切切实实体验到了一种从未有过的奇异感觉：我也变成了诗人队伍当中的一个成员。虽然我没有写出文字上的诗句，可是我的情感到了、心到了，升华到了诗的喜马拉雅山之上，脚下是片片白云，眼前是通天大道，头上，正是那一轮通体金红赫赫的太阳。

哎，明天早上乌云也罢，阴霾也罢，还有什么关系呢——我们伏在绿色的丝绒桌布上，头抵着头，歌吟着心中的诗。啊，诗火熊熊，烛光悠悠……

精彩
—赏析—

作者一行人来到尼泊尔访问，本来要去看当地著名的日出景观，却因为天气原因没有成行，而这个小小的遗憾非但没有毁掉他们的心情，却意外地为他们带来一个美妙而难忘的夜晚。接待他们的工作人员安排了一场读诗会，在寂静的夜晚、朦胧的烛光下，李瑛团长和尼泊尔的青年诗人各自吟诵了一首诗，来自不同文化背景的、说着不同语言的、年龄相差很多的人，在此刻用诗架起一座桥梁，传递着难以言喻的情感，袒露出人性中最美最高贵的一面。

1.阅读《中华巨星落下闳》一文，回答下列问题。（15分）

（1）下列对作品的分析和概括，不正确的两项是（　　）（　　）（5分）

A.先秦时期中国的历法或以十月为岁首，或以十一月初一为元日，或以十二月初一为元日，均不利于农业生产。

B.因为有了落下闳，中国才在两千多年前确立了孟春正月为岁首的历法，因此人们称他为"春节老人"。

C.《二十四节气歌》的创制是落下闳作为中华科学家对人类文明史的又一贡献，精准的计算让人叹为观止。

D.落下闳通过长期观测和科学运算，用事实否定了当时的"盖天说"，论证了"浑天学说"理论和天体运行规律。

E.作为一个伟大的数学家，落下闳算法的提出，比连分数理论的发明者朋柏里早1600年，影响了中国天文界2000年。

（2）文章引述了《二十四节气歌》以及赵大姐的感慨和作者的起哄，这样写有哪些好处？（4分）

_____

_____

（3）作者以为落下闳"一个人顶一万人"，请探究作者这样说的理由。（6分）

_____

_____

2. 阅读《陈忠实为我们改稿》，回答下列问题。（17分）

（1）请谈一谈"老腔"在文章中所起的作用。（4分）

_____

_____

（2）作者用了哪些写作手法来表现陈忠实"忠厚老实"的个性？（4分）

_____

_____

（3）从作者向陈忠实提意见以及陈忠实改稿到最后《白鹿原上奏响一支老腔》一文发表的过程中，我们可以学到哪些关于写文章以及做事的原则？（6分）

_____

_____

（4）作者说"作文先做人"，谈谈你对这句话的认识。（3分）

_____

_____

3. 写作训练。（60分）

古今中外，有很多大作家除了在文学上有巨大的成就以外，在个人修养和思想境界方面也是人们学习的榜样。请介绍一位你比较欣赏或崇拜的作家，说说这位作家在文学上的特色和成就，以及在个性、为人、思想等方面的魅力。字数600~1000。

★试卷作家真题回顾★

【岳莹享堂、三碗清水及其他】

1.我心向往——我心雄壮——我心悲伤——我心激荡（共4分，各1分）

2.原汁原味的原意是指事物本来的、没有受到外来影响的风格特征，这里指汤阴县的"老岳爷"形象是百姓心目中的形象，表达了家乡百姓对岳飞质朴的情感。（3分）

3.不能删，李存葆少将的言行表达了对岳飞的敬仰，这种敬仰从侧面烘托了岳飞的人物形象。（3分）

4.战功如清水一样澄明、清明、透明；淡泊名利如百姓的一碗清水；只有清水才能洗刷岳飞的冤屈。（共3分，各1分）

5.岳飞相信自己是正义的，是忠心耿耿、一心为国的。他相信上天是公正的，自己今天受到的不公正待遇总有一天会沉冤得雪。（4分）

6.示例：现如今山光水色，犹照见一片丹心。（3分）

【小村即景】

1.B（3分）

2.B（3分）

3.(1)第⑥段写道"从里面，不时传来鸡鸣、羊叫与娃儿的笑声"，村庄自然环境险恶，随处可见数十丈的悬崖，狗儿在崖上尽情撒欢嬉戏却没有一只掉下崖去，农家小院鸡鸣、羊叫和娃儿的笑声使小村庄充满勃勃生机，为村庄增添生气；（2）第⑦—⑨段写到崖上崖下百姓喊话，喊声在空旷的山崖间回响，表达了乡邻间真挚的情感以及对生活淳朴的热爱。（共4分，答对一点得2分）

4.①文章以"小村即景"为题，作者目的虽不只是为描绘小村庄的景致，但形象地揭示了这普通的小村庄给作者极大的心灵震撼；②小村的景致是全文的线索，小村自然环境险恶，但在作者笔下生机勃勃，作者通过小村景象表现其与众不同的地域文化魅力；③以"小村即景"为题，作者借小村这般恶劣的自然环境，表现村民不愿向命运低头，他们能吃苦耐劳，一辈又一辈奋发图强，与困境抗争的精神（或作者赞颂小村人乃至全人类顽强的生命力和不屈的进取精神）。（共6分，答对一点得2分）

【咆哮赶海的黄河】

1.第④段调动多种感官正面描写眼前黄河，运用比喻、比拟，士兵、马队形象统摄全段，突出黄河浪涛汹涌、气势恢宏，赋予黄河以激烈不屈的人格形象。第⑤段以黄河的奔腾激烈给观者带来的强烈震撼，以及以刘家峡、兰州、壶口各地黄河和黄河断流、入海口想象等，侧面表现黄河。两段描写视角变化自然，符合事物认知的过程规律。（共4分，答对一点得2分）

2.全文围绕黄河的野性、泛滥与治理的历史与现状展开构思。第⑥段内容承接前几段野马般奔腾咆哮的黄河，引出下文黄河历史上多次泛滥、三角洲毁于一旦的历史事实。第⑥段由眼前黄河转入历史上的黄河，从对自然黄河景象的描写转入人与黄河抗争、依存、守护的关系描写，是叙事内容、描写视角转换、引出主旨的关键。（共4分，答对一点得2分）

3.示例一：画线部分联想到研究海水稻的袁隆平，内容符合人类与自然抗争改变自然、人定胜天的文意主线。联想合理、自然，不必删去。

示例二：画线部分联想到水稻科学家袁隆平，突出袁隆平争分夺秒的科研精神。联想的相关性不足，主旨情感脱离文意主脉，可以删去。（共3分，答对一点得1分）

4.示例：本文描写了黄河的多种面目，赞美了黄河及黄河百姓与黄河相处共生、不断抗争的精神，对今天黄河百姓安定富足的生活状态表达由衷的欣慰。面对自然，人类必须了解自然规律，相信"人定胜天"，用智慧修筑"河堤"才能安居乐业。文章对我们理解如何与自然和谐共生很有启示作用。（共4分，答对一点得1分）

【仰慕天柱山】

1.自然胜景；人文底蕴；天柱山人的精神品质。（共3分，答对一点得1分）

2.表现文人对天柱山的赞美与留恋；强化作者的仰慕之情；丰富文章内容；增添作品的文学底蕴。（共6分，答对一点得2分）

3.交代作者对天柱山的情感之源；引导读者多元解读天柱山；使文末作者感悟的提出水到渠成。（共6分，答对一点得2分）

★ 试卷作家美文赏练 ★

【预测演练一】

1.（1）作者运用了动作描写、表情描写、心理描写等方法。通过在大学图书馆抢座的动作、表情和心理描写，作者表现出大学生抢座的紧张情形，体现出当年的大学生求知若渴、发奋读书的情形。（4分）

（2）"七七级""七八级"级学生是恢复高考以来的首批大学生，他们各自的年龄、身份相差很大；他们离开校园很久，考上大学很不容易，所以非常珍惜来之不易的学习机会，因此，学习十分刻苦；他们身上有着浓浓的叛逆精神和独立思考能力，能对老师提出许多意见和建议。这些精神都是十分突出的。（3分）

（3）讲现代汉语课的宋玉柱老师：对学生要求严格，对教学一丝不苟，对自己的专业认真严谨，讲课引人入胜。

讲唐宋文学的张虹老师：年纪很轻，但是十分刻苦，对待教学工作认真负责，学术功底扎实，能够触类旁通。对待学生平易近人，关心他们的业余创作。

古诗词专家叶嘉莹先生：仪态端庄优雅，富有个人魅力，有国际视野，能够运用一些西方理论研究中国古诗词，对中国古典诗词有着巨大的热情。（6分）

2.（1）作者乘坐的是一辆宽敞、华丽的新型公交车，通过描写公交车的外观，体现出物质条件的提高和城市生活的进步，也与后面司机的态度形成鲜明对比。（3分）

（2）因为众人对司机恶劣态度的抗议和不满，以及作者及时

与司机和解，并主动为司机着想，没有因为愤怒而举报司机，从而赢得司机的好感。（3分）

（3）通过描写怡人的环境以及悠闲的人群，烘托出一种和谐感，也体现了作者因为与司机和解而感受到的开心，以及那种来自人与人之间因互相理解而产生的温暖。（3分）

（4）示例：在公共场合，应保持礼貌，尊重每一个陌生人。当人与人产生冲突时，减少情绪化的反应，尽量换位思考，体谅他人，往往能化解很多矛盾。（3分）

3. 略

【预测演练二】

1.（1）贾平凹将瓦片视若珍宝，认为它有着悠久的历史和巨大的文化价值；作者认为瓦片很普通，只是用来盖房子的材料，并没有那么多文化内涵。（2分）

（2）作者认为，瓦作为农耕文明中的元素，代表的是一种生产方式，它已经成为历史。而国家的发展应该向前看，拥抱新的科学技术。瓦对于今天的人来说，只是一种文化符号，象征着民族辉煌灿烂的过去，象征着一种回归自然、原生态的理念，象征着平凡、朴实的精神。（3分）

（3）屈原将君子、贤士比作黄钟，将小人比作瓦片，表达了对世道的不满。但是这样的比喻难免流露出他的贵族立场，认为黄钟高贵而瓦片低贱。作者认为瓦片并不低贱，在新的时代，人们无须崇拜贵族，而应该崇尚人人平等的理念，懂得赞美普通人。（4分）

2.（1）幸福是一个人内心达到满足时的感受。（3分）

（2）举例论证（事实论证）；如列举自己没有读完的、准备读的书名，说明自己爱读书的习惯。（4分）

（3）要面对现实，像作者说的那样要热爱生活，热爱读书；追求平静的生活；懂得知足；自己感到幸福了才是真正的幸福。（3分）

3. 略

【预测演练三】

1.（1）作者运用排比的修辞手法，抒发了强烈的情感，表达出作者对大海的热爱；通过将大海比作各种各样的事物，充分表现出海的博大、海的意义非凡，这些比喻涉及古典神话、现代科技、天文地理、历史与文化、理想与情感、文学与艺术，显得天马行空、包罗万象，蕴含着极高的美学境界，体现出作者丰富的想象力和宽广的眼界。（3分）

（2）海为舟山人民提供了丰富的物产资源，使他们过上富裕的、充满希望的生活；海孕育出丰富的地域文化，给后人留下一个个传奇故事，也是他们精神上的信仰；海是国家的边境，海防承担着保家卫国的责任；海为舟山人民提供新的经济发展机遇，推动地区经济的发展。（4分）

2.（1）①下雨时间的不确定性；②雨水的丰盛与繁多；③一年四季都有雨。（3分）

（2）运用对比的修辞手法。作者以北京下雨少与英国雨水多进行对比，表明作者的忧患意识。（4分）

3. 略

【预测演练四】

1.（1）CE（5分）

（2）示例：简约而又细数了二十四节气，突出了二十四节气与农业生产劳动的密切关系，强调了二十四节气的科学性，突显了中华巨星落下闳的聪明才智。（4分）

（3）示例：仅"二十四节气"的发明，就让自以为有文化的我满以为那是多少朝多少代的古人们历经了岁月的风雨，在不知凡几的共同探索基础上，逐渐积累，推衍形成的，更何况落下闳还编制了太初历、确立春节、提出"浑天学说"和通其率。（6分）

2.（1）"老腔"是串起文章叙事线索的核心元素，电影《白鹿原》中的"老腔"片段，引起作者极大的兴趣，才会有后来的向陈忠实约稿写关于"老腔"文章的事情，也因为这件事情，作者才开始直观地体会到陈忠实的为人处世；"老腔"是一种隐喻，通过描写"老腔"的表现形式和艺术特色，作者侧面表现了陈忠实这位陕西作家如老农般的质朴、厚重，以及陈忠实文学风格的真实和苍凉。（4分）

（2）作者主要用侧面描写来表现陈忠实的性格，如通过他人对陈忠实的高度评价，通过作者听说的陈忠实捐款的事迹，以及陈忠实的作品《白鹿原》中"老腔"的艺术特色，来烘托陈忠实的精神与品格；此外，作者采用语言描写，通过陈忠实质朴、谦虚的话语，表现出他忠厚老实的个性。（4分）

（3）陈忠实答应写稿以后，很快就寄来了稿子，他不仅信守承诺、按时交稿，而且将稿子写得十分整齐、认真，这体现出陈忠实诚信、守时的品格，也体现出他对文字的敬畏之心，以及认真严谨的做事风格。作者接到稿件后，并没有因为对方是大作家而放松，而是勇敢地提出修改意见，体现出作者精益求精的做事理念。陈忠实不仅接受了作者的意见，而且很快就寄来了新稿件，并且同样写得十分认真，也体现了他谦虚、不高傲的品格。（6分）

（4）示例："作文先做人"意味着，一个人的文学境界，很大程度上是由一个人的人格决定的，作家需要有高尚的情操，这样才能写出伟大的作品，这是写作技巧难以弥补的东西。一个人的精神面貌会自然地体现在他的文字中，一个人的思想深度决定了其作品的思想深度。因此，专注于提高个人的修养，开拓个人的眼界，不断提高自身的精神境界，文字自然就会散发魅力。同时，当面读到好的文字时，我们就会自然而然地联想到作者本人的风貌。（3分）

3.略

— 试卷上的作家 —

初中生美文读本

序　号	作　者	作　品
1	安　宁	一只蚂蚁爬过春天
2	安武林	安徒生的孤独
3	曹　旭	有温度的生活
4	林　夕	从身边最近的地方寻找快乐
5	简　默	指尖花田
6	乔　叶	鲜花课
7	吴　然	白水台看云
8	叶倾城	用三十年等我自己长大
9	张国龙	一里路需要走多久
10	张丽钧	心壤之上，万亩花开

高中生美文读本

序　号	作　者	作　品
1	韩小蕙	目标始终如一
2	林　彦	星星还在北方
3	刘庆邦	端　灯
4	刘心武	起点之美
5	梅　洁	楼兰的忧郁
6	裘山山	相亲相爱的水
7	王兆胜	阳光心房
8	辛　茜	鸟儿细语
9	杨海蒂	杂花生树
10	尹传红	由雪引发的科学实验
11	朱　鸿	高考作文的命题与散文写作

应试技能直升

阅读专题精讲，考试有高招

全真模拟考场

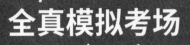

高频必刷真题，演练出高分

"码"上进入

阅读提分充电站

学业提升有计划

扫码进入

作文精修助手

在线纠错润色，练就范文水平

命题热点课代表

趋势快讯一手掌握，轻松迎战